Dirk Oltersdorf

Ollys Einwurf
In 71 Kolumnen durch das Ehrenfeld.
Streifzüge durch einen Bochumer Stadtteil, den es gar nicht gibt.

Dirk Oltersdorf

Ollys Einwurf

In 71 Kolumnen durch das Ehrenfeld.
Streifzüge durch einen Bochumer Stadtteil, den es gar nicht gibt.

Verrückt, vertrackt, verschmitzt, verschroben – aber immer versöhnlich.

Books on Demand GmbH, Norderstedt

© 2015 Dirk Oltersdorf, Bochum
1. Auflage 2015

Lektorat: Daselbst, nach bestem Wissen und Vermögen
Layout und Satz: Dito
Umschlagbild: Der Kolumnist in zwangloser Pose neben wichtigem Hinweis
Druck und Bindung: Mit Bedacht
Alle Rechte vorbehalten. All rights reserved.
Das Werk darf – auch teilweise – nur mit Genehmigung des Autors
wiedergegeben werden.

Fotos: Dirk Oltersdorf

Ausnahmen
Foto S. 25: Dani Elsner (www.candeeland.de)
Foto S. 117: Bettina Engel-Albustin (www.fotoagentur-ruhr.de)
Illustration IV. Umschlagseite: Karl-Heinz Bruder, Krefeld
Herstellung und Verlag: BoD - Books on Demand, Norderstedt
Gesetzt aus der wunderbaren Garamond

Printed in Germany
ISBN: 9783739205342

Für die Einzige

(Mehr Glück kann Mann nicht haben)

„… wer wohnt schon in Düsseldoooooorf …“

(Herbert Grönemeyer)

Das Buch

Die Kolumne „Ollys Einwurf" ist seit der ersten Ausgabe des Bochumer Stadtteilmagazins „Der Ehrenfelder" fester Bestandteil des Heftes. Monat für Monat entstand über sechs Jahre eine kleine Ehrenfelder Chronik mit kuriosen, schönen, skurrilen, mal sinnvollen oder auch sinnfreien Geschicht(ch)en rund um das kultige Wohnviertel und eine von vielen Lesern lieb gewonnene Rubrik.

Den Namen Ehrenfeld sucht man in der Bochumer Verwaltungswelt allerdings vergebens. Dieser gemütliche Flecken, grob gelegen zwischen Bermuda-Dreieck, Universitätsstraße, Wiesental und Eickhoff, gehört vollständig zu Wiemelhausen.

Die Umbenennung in „Ehrenfeld" vereinbarten im März 1874 kurzerhand die Anwohner, als Erinnerung an den siegreichen deutsch-französischen Krieg. Eine bis heute einprägsame Bezeichnung, die zwar niemals den Rang eines Stadtteils erhielt, aber dank Clemens Erlemann, dem „Architekten" des Ehrenfeld, seit Beginn des 20. Jahrhunderts zu einem beliebten Wohngebiet wurde.

Übrigens wohnt man nicht IN Ehrenfeld, sondern IM Ehrenfeld.

Viel mehr Ehrenfeld-Informationen hier: *www.historisches-ehrenfeld.de*

Der Kolumnist

Dirk „Olly" Oltersdorf ist ein Ur-Ehrenfelder. Langjährig und sehr glücklich verheiratet mit der „Einzigen", bekennender Rotwein-, Whisky- und Ruhrgebietsfan lebt seit seiner Fertigstellung sehr gern in Bochum.

Als gelernter Schriftsetzer arbeitete er später fest und frei als Werbetexter, Autor, Gag- und Ghostwriter. Neben Lesungen eigener Texte ist er in Kombination mit dem Irish-Folk-Singer Rüdiger „Bolle" Boldt, Blues-Maniac Ralf Weber und Macondo-Herausgeber Frank Schorneck ein Viertel des in Bochum weltberühmten Kult-Quartetts „Whiskylesung".

Mehr über ihn unter www.dirkoltersdorf.com

Inhaltsverzeichnis

Ein Rückblick.

Aufgrund einer schwerwiegenden Karma-Verwechslung erblickte ich das elektrische Licht der Welt nicht in finanziell üppig gepolsterter Umgebung, sondern befand mich, sobald die verklebten Äuglein es zuließen, in einer rustikalen, aber durchaus heimelig zu nennenden Hein de Groot-Atmospähre der 1960-er-Jahre.

Die bis heute nicht dem Umbenennungswahn zum Opfer gefallene Gabelsbergerstraße war für die ersten zwölf Lebensjahre mein Mikrokosmos. Hier pulsierte, nicht nur auf wohnlich engstem Raum, das Leben. Schräg gegenüber – in der Beletage – der Friseursalon Venues, ums rechte Eck der winzige Tabakladen Nate, dessen Größe nach Schließung soeben zum Umbau in eine winzige Garage reichte.

Links herum der kleine Lebensmittelladen von Herrn Schwengel – ja, so hieß er wirklich. Lange bevor das Wort Marketing, geschweige der Fachbegriff „Quengelregal" erfunden wurden, hatte der stets in einem blütenweißen Nyltestkittel steckende Inhaber erkannt, dass die Positionierung von Süßigkeiten im winzigen Gang vor der einzigen Kasse bei den unzähligen Kindern der Gegend erhebliche Begehrlichkeiten weckt, denen sie beim Einkauf mit ihren Müttern lautstark Ausdruck verliehen.

Begrenzt wurde unsere Straße am oberen Ende vom Graf-Engelbert-Gymnasium und unten vom Dr. C. Otto-Unternehmenssitz, einem für uns damals unfassbar hohen Gebäude; so mussten Wolkenkratzer aussehen. Heute befindet sich dort die GLS-Bank. Nicht zu vergessen die legendäre „Kellerbude" auf der Saladin-Schmitt-Straße, die es leicht verändert noch heute gibt und den längst verschwundenen Bäckerladen Schütter auf der Königsallee, dem ich meine Gottseidank überstandene Baiser-Abhängigkeit verdanke. Dieses auch „Spanischer Wind" oder „Meringue" genannte weiße Schaumgebäck aus gezuckertem Eischnee oder Aquafaba hat bis heute erheblichen Anteil an meinem Gewicht.

Viel Vergnügen und beste Grüße.

Warten gehört zu unserem Leben.

An der Supermarktkasse oder der Haltestelle, auf die große Liebe, die richtigen Lottozahlen oder auf Godot. Aber muss diese sowieso schon nervige Warterei noch durch eine Zusatzampel an der Kreuzung Hattinger und Yorckstraße unnütz verlängert werden? Ob zu Fuß oder mit dem Auto, sie erwischt mich jedes Mal. Gefühlte 14 Tage stehe ich dann dort herum und sehe einem orangen Blinklicht bei der Arbeit zu. Manchmal leistet ihm ein beleuchtetes Warndreieck mit dem Schriftzug „Feuerwehr!" Gesellschaft. Bei der Premiere war das noch spannend. Neugierig suchte ich nach einer endlosen Karawane rasender Großfahrzeuge, besetzt mit wettergegerbten Haudegen in feuerfesten Uniformen, die rasant schlitternd abbiegen, um einer Feuersbrunst kalifornischen Ausmaßes Einhalt zu gebieten. Ich wartete … und wartete … und wartete. Nichts, absolut gar nichts geschah. Ich hatte bereits den Wagen sorgfältig gesäubert, mir Essensreste aus den Dritten gepuhlt, ein langes Gespräch mit meinem Vater geführt und wollte gerade das letzte Kapitel von „Krieg und Frieden" beenden, als endlich ein Rettungswagen mit zwei vergnüglich plappernden Sanitätern im Schritttempo in Richtung Schauspielhaus fuhr. Heute weiß ich, ich hatte Glück. An manchen Tagen ist trotz ewigem Geblinke überhaupt kein Einsatzfahrzeug in Sicht. Die Sonderampel erlischt dann einfach und gibt den Job an ihren etatmäßigen Kollegen zurück. Ist das nicht verrückt? Überall in Bochum treiben mich plötzlich auftauchende Rettungsfahrzeuge fast in den Herztod. Aber ausgerechnet hier im Ehrenfeld, wo ich durch die Nähe zu Bergmannsheil und Feuerwache sowieso auf der Hut bin, stellt man meine Geduld mit dieser blöden Ampel täglich auf die Probe. Stehe ich vor dem Schuhhaus Dömer herum und warne Kunden, dass hinter der Tür Fußbekleidung lauert?

Holterdipolter.

Ein Schweizer Käse ohne Löcher würde die Eidgenossen in tiefe Depressionen stürzen. Poolbillardspieler stünden entsetzt vor ihren Tischen, müssten sie auf ihre sechs Taschen verzichten, in denen kunstvoll die Kugeln verschwinden. Der Erfinder Louis Leitz wäre verarmt und verkannt gestorben, kämen seine berühmten Aktenordner ohne das Griffloch im Ordnerrücken daher. Sie sehen, Löcher haben durchaus ihre Bewandnis und Berechtigung. Schleierhaft ist mir jedoch, was sie seit Jahrzehnten auf der Oskar-Hoffmann-Straße zwischen Schauspielhaus und der großmannssüchtigen Endlos-Baustelle des Exzenter-Hochhauses verloren haben. Dieser Straßenabschnitt müsste mit Warnschildern gekennzeichnet werden, da jedes Befahren einen massiven Verstoß gegen die Genfer Menschenrechtsverordnung darstellt. Wieviele Zahnfüllungen mir die unzähligen, in jedem Frühjahr aufs Neue von der Stadt laienhaft geflickten Schlaglöcher bereits gelockert haben, kann ich nur grob überschlagen. Einige Untiefen bieten genug Platz, um mühelos einen Ölwechsel durchzuführen – aber das ist ja verboten. Auch kann ich nicht ermessen, wie lange mein betagtes Automobil diese Folter überhaupt noch verkraftet, bevor es comicgleich auseinanderbricht. Der CD-Spieler zumindest lässt sich jedes Mal nach dem Eintauchen in die erste Kuhle bis zum Ende der Marterstrecke nicht mehr dazu bewegen, auch nur einen weiteren Ton von sich zu geben. Wahrscheinlich werde ich es nicht mehr erleben, dass dieses Stück Ehrenfelder Lebensader eine durchgängige und professionelle Fahrbahndecke erhält. Aber den Enkeln meines Neffen drücke ich fest die Daumen.

16

Wissenslücken.

Da lebt man Jahrzehnte in diesem gemütlichen Vor-Stadt-Viertel und glaubt alles und jeden zu kennen und dann kommen die Herren Bleidick und Ernesti daher und beweisen einem das Gegenteil. Erleuchtet wurde ich Ende Oktober in der sympathischen Buchhandlung Napp, als Augen- und Ohrenzeuge bester Heimatgeschichte. Mit Fotos, Plänen und Postkarten zeichneten die oben erwähnten ein spannendes Bild des Ehrenfeld, bei dem mir viele Fragezeichen im Gesicht standen. Oder kannten Sie Clemens Erlemann, den „Architekten" unseres Viertels? Ich musste passen. Überrascht war ich auch, dass hinter dem heutigen Schauspielhaus, am Standort der Kammerspiele, die Familie von Schell im Haus Rechen residierte. Dort konnte man noch vor 100 Jahren mit Ruderbooten das Anwesen umrunden oder sich gastronomisch verwöhnen lassen. Interessant fand ich zudem, wer die Drusenbergschule tiefer gelegt hat, wieso das Knappschaftsgebäude nicht an der Königsallee steht und wie das Traditionslokal „Panzergrotte" zu seinem Namen kam. Außerdem fragte ich mich, ob Mr. Bermuda-Dreieck weiß, dass es 80 Jahre vor seinem Freisitz am Mandragora bereits einen großen Biergarten im Rechener Park gab? Nach all diesen Neuigkeiten platzte ich fast vor Stolz, dass ich das einstige Kino „Lichtburg" kannte (Oppa Heinrich sei Dank) und wusste, dass das Graf-Engelbert-Gymnasium mal Bismarckschule hieß. Dass aber am heutigen Finanzamt-Süd das 5-Sterne „Parkhotel Haus Rechen" prunkte, hielt ich zunächst für einen Scherz. Interessant jedoch, dass den Menschen an dieser Stelle bis heute Geld aus der Tasche gezogen wird.

Nach Lektüre des Buches „Historisches Ehrenfeld" bin auch ich endlich stadtteiltauglich und die erwähnten Fragezeichen sind stabilen Ausrufezeichen gewichen.

Verbindungsprobleme.

Ein Tunnel ist eine Röhre durch ein Hindernis. Wenn es zum Tunnel nicht reicht, spricht man von Unterführung. Und wer das Ehrenfeld über die Verlängerung der Yorckstraße in Richtung Nordosten verlassen will, der muss durch so eine hindurch: die Unterführung an der Bessemer Straße. Die direkte Verbindung ins einstige „Blau-Buxen"-Viertel Stahlhausen. Aber was den Reisenden beim Übertritt erwartet, ist alles andere als angenehm. Es gibt Menschen, die am frühen Morgen oder späten Abend lieber einen Umweg in Kauf nehmen oder gleich in ein Taxi steigen, als diese Unterführung zu betreten. Ob es am düsteren, orangefarbenen Licht liegt, am stetigen Klogestank entlang der vollgepissten Kacheln, den kunstfrei verschmierten Wänden oder den dort abgestellten 40-Tonnern, die den Unterführungsschlauch optisch noch mehr verengen, um so auch das letzte Quentchen Sicherheitsgefühl mühelos zu absorbieren; jeder hat da seinen Favoriten. Nicht zu vergessen der dunkle Auf- und Abgang zur S-Bahn, vor dem Fußgänger abends ganz automatisch die Straßenseite wechseln. Aber es gibt auch Positives: So kamen die Straßenplaner vor ein paar Jahren auf den in Stein zu meißelnden Geistesblitz, die Beleuchtung der Unterführung vom Mittelstreifen auf die Bürgersteige zu verlegen. Bis dahin bahnte man sich dank der imposanten Höhe der erwähnten Laster in fast völliger Dunkelheit seinen Weg von einem Teil der Stadt in den anderen, während die fußgängerfreie Insel zwischen den Fahrbahnen in gleißendem Licht erstrahlte. Natürlich ist eine Unterführung keine Prachtstraße, aber wenn ich Nervenkitzel suche, fahre ich lieber Achterbahn.

Alle Jahre wieder.

Der Mensch ist ein Gewohnheitstier und verhielt sich auch 2009 wie erwartet. Ende September, zeitgleich zum Erscheinen der 67. Weihnachts-CD von Roger Whitaker, begannen die Discounter pünktlich mit dem Bau gigantischer Weihnachtsgebäcktürme und die alljährliche Jahresendnervosität stieg. Die Eifrigsten kontrollierten bereits akribisch die Funktionstüchtigkeit ihrer handgeschnitzten Fensterpyramiden, während andere gebannt die inflationär steigende Flut an Kochsendungen verfolgten, um zu Weihnachten endlich mal was ganz anderes auf den Tisch zu bringen. Kurze Zeit später verstopften wieder Spendenaufrufe und Lebensmittelprospekte unsere Briefkästen und der Stadtspiegel wuchs dank Festbeilagenflut auf Telefonbuchstärke an. Die TV-gestützten Lallstreckenbomber Jauch, Kerner, Beckmann & Co. nervten mit endlosen Jahresrückblicken und mein Lieblingscopyshop an der Hattinger Straße zog die ersten Stecker, um im neuen Jahr Brötchen, Brot und Kuchen in Kaffeehausatmosphäre zu weichen. In den frühen Morgenstunden des 24.12. schließlich fand ich mich beim wie immer naiv angetretenen Frühstückseinkauf mit endlosen Schlangen vor Ehrenfelder Metzgern und Bäckern konfrontiert, bei deren Anblick ich lieber auf heimische Cornflakesreste zurückgriff. Unnötig zu erwähnen, dass es bei uns natürlich beim Traditionsfestessen blieb und der Baum einmal mehr wunderschön war. Und obwohl ich mich jedes Jahr aufs Neue über dieses verrückte Treiben amüsiere, würde mir etwas fehlen, wäre es nicht so. In diesem Sinne, wünsche ich ein gesundes und friedliches 2010 sowie gute Unterhaltung bei der Lektüre des ersten Ehrenfelder im neuen Jahr.

Ehrenfelder Nächte sind lang.

Dieser von mir in Anlehnung an den Gassenhauer der Gebrüder Blattschuss kongenial umgetextete Refrain kann mühelos auf die „Viertel vor"-Schankwirtschaften angewendet werden. Auch wenn sich deren Zahl deutlich verringert hat. Denn lange geschlossen sind das legendäre U-BO, die Hubertus- und Meisterklause, Urgesteine wie Lauhof, Moormann, Rauchfang, Loge 77, Ehrenfelder Stübchen oder Haus Hase. Für Abwechslung ist trotzdem gesorgt und das ohne auf den elenden Zug der Erlebnisgastronomie aufzuspringen. Bei uns setzt man noch immer auf Gastfreundschaft und handgezapfte, schaumkronenbesetzte und wohltemperierte Durstlöscher, überwiegend heimatlicher Provenienz, deren Anblick allein schon pure Freude bedeutet. Unsere Kneipiers pfeifen auf üppig (vor)gebaute und Hotpants-behoste Fast-Food-Ballerinen, die überteuerte Riesenmessbecher mit schaumloser, gelber Flüssigkeit als letzten Schrei einer pseudo-hippen Gastro-Szene verhökern. Daher liebe ich die kleine Kneipenkultur im großen Umkreis des Schauspielhauses, wobei Kneipe für mich kein Schimpfwort, sondern ein Qualitätsbegriff ist. Hier gibt es noch bequeme Theken, an denen alt und jung orthopädisch korrekt und je nach Ausdauer und Fassungsvermögen stehen, lehnen oder sitzen können. Natürlich überall flankiert von herrlich schrägen Vögeln, die seit Jahren zum Inventar gehören und deren krude Weltanschauungen einen lachend oder kopfschüttelnd, aber niemals traurig zurück lassen. Zum Thema passend ende ich daher heute mit einem alten irischen Abschiedssegen: „Wenn Gott gewollt hätte, dass wir alle nur Wasser trinken, hätte er nicht 97 % so verdammt versalzen."

Tief im Westen.

Höchste Zeit einmal abzutauchen. Seit der schönen kaufmänni-schen Wiederbelebung des Ehrenfelds gab es neulich auch unter Tage etwas zu entdecken. Und zwar an einem Ort, den ich längst abgeschrieben hatte. In der Passage oberhalb der U-Bahn-Halte-stelle Schauspielhaus, die sich zu recht seit 31 Jahren vor uns ver-steckt. Hier fand Ende März - umrahmt von Live-Musik, Lesungen und kulinarischen Leckereien - der 1. Ehrenfelder U-Bahn-Kultur-flohmarkt statt. Ein voller Erfolg, der bewies, wie gern jung und alt mit von der Partie sind, wenn eine gute Idee geboren wird. Erinnern Sie sich noch an die U-Bahn-Eröffnung? Diese tollen Entwürfe eines Einkaufsparadieses, mit denen man uns damals die knapp 70 Meter lange Passage schmackhaft machen wollte? Mit Geschäften und sogar einem Café, in dem die Reisenden vor und nach der ermüdenden Vier-Minuten-Fahrt vom oder zum Haupt-bahnhof bewirtet werden sollten. Bereits eine Woche nach der Einweihung mit großem Tam-Tam und lorbeerkranzbehängter Bahn am 25. Mai 1979 waren die Fensterfronten hier unten übelst verschmiert und mit Getränkeresten aller Art getauft worden. Mehrfach wurden die Scheiben eingeworfen und in den dahinter liegenden Räumen Lagerfeuer entzündet, Notdurft verrichtet und Zechgelage abgehalten. Aber niemals kam nur ein klar denkender Geschäftsmann auf die Idee, hier einen Laden zu eröffnen. Zwar zeigen mittlerweile zumindest die Auslagen etwas Leben, aber vielleicht war dieser Freitagabend im März 2010 eine Initialzün-dung für einen Neuanfang auch unterhalb des Ehrenfeld. Ideen scheint es genug zu geben und auch fleißige Hände sie umzusetzen. Ich würde mich freuen, kenne aber auch die Bochumer Bürokratie.

Exzenter-Exzentrik.

Stellen Sie sich vor, jemand will auf dem gemütlichen Romanusplatz einen riesigen römischen Brunnen bauen oder ein zweites
Fantasialand ins beschauliche Wiesental setzen. Nach einem Blick
auf den Kalender und Ausschluss des 1. April würde mein Zeigefinger automatisch an die Stirn fahren und sie mehrmals dezent
antippen. Kauft jedoch einer den einzigen und zudem denkmal-
geschützten Bochumer Rundbunker, um ihn zu köpfen und zum
schrillen Prestige-Glaskasten umzubauen, kriegt er von der Stadt
grünes Licht. Und das, obwohl das komplette Umfeld von Anfang
an dagegen war.

Denken wir doch kurz an die unzähligen Gebäude in und um die
City, deren „Büroflächen provisionsfrei zu vermieten"-Schilder
seit Ewigkeiten verblasst und lustlos hinter hohläugigen Fenstern
lungern oder an müden Fassaden baumeln. Diese im Fachjargon
Überbauung genannte Maßnahme namens Exzenterhaus wird
wohl die nächste, wenn auch modernste und weithin sichtbarste
Büroruine Bochums. Eigentlich nicht verwunderlich, steht doch
der Begriff Exzentriker für jemanden mit überspanntem Verhalten.
Vielleicht bleibt es aber auch beim hässlich in der Gegend stehenden Betonstumpf. Denn Fortschritte kann ich an der Baustelle
schon lange nicht mehr erkennen und die Fertigstellung im
Sommer 2011 klingt mehr als optimistisch. So lobenswert eine
Aufwertung Bochums durch bauliche Maßnahmen ist, wir sind
weder Manhattan, noch München oder Frankfurt. Mir scheint es
eher, dass der berühmte Berliner Architekt unsere Universitätsstraße mit der Straße des 17. Juni verwechselt und das Exzenterhaus seine Siegessäule werden soll.

Non scholae, sed vitae discimus.*

Walter „Hoch auf dem gelben Wagen" Scheel (die Älteren erinnern sich) betonte gern, dass er auf dem Gymnasium zweimal sitzen blieb und trotzdem Bundespräsident wurde. Legt man diesen Maßstab zu Grunde, wäre bei meinen schulischen Leistungen Bundeskanzler und Bundespräsident in Personalunion drin gesesen. Wie ich darauf komme? Meine ehrwürdige Graf-Engelbert-Lehranstalt wird heuer 100. Selbst wenn die Erwähnung meines Namens bei einigen ehemaligen und den wenigen heute noch tätigen Lehrkräften Kopfschütteln auslösen kann, will ich herzlich gratulieren. Damals hin- und her gerissen zwischen Atomkrieg-Angst, AKW nee-Demos, Teestuben, Disco, Beat-Club, Räucherstäbchen und aufsteigender Adoleszenz, versuchten die Herren Pädagogen uns parka- und militärtaschenbehängten langhaarigen Revoluzzern den Lebensweg zu ebnen. Kein leichter Job. Was aber wäre ein GES-Rückblick ohne Hinweis auf die legendären außerschulischen Pausenstätten. Während heutige Schüler nur noch Elli Altegoer kennen, hatte ich noch die Qual der Wahl zwischen ihr und „Paula". Jenem winzigen Lebensmittellädchen auf der heutigen Else-Hirsch-Straße, das Mutter und Tochter souverän mit Herz und Schnauze führten und das schon lange „Gechichte" ist. Hier wie dort gab es zu futtern, die Aussicht auf Kredit und man konnte in trauter Runde weltmännisch rauchen. Unbezahlbar jedoch: hier traf man(n) regelmäßig auf die Elevinnen des Schiller-Lyzeums, um auch im Zwischenmenschlichen zu lernen und zu reifen. Kurz gesagt, in der Graf-Engelbert-Schule entdeckte ich die Liebe zum Schreiben, bei Paula fand ich die fürs Leben – beiden sei Dank!

*Nicht für die Schule, sondern für das Leben lernen wir.

99 Luftballons …

Auf 4.000 qkm wurde die Kohlevergangenheit des Reviers für groß und klein eindrucksvoll sichtbar. An 311 Revierstandorten stiegen überall dort Ballone in die Höhe, wo einst Kohleschächte in die Tiefe führten. Begleitet von der kompletten Kachelmannschen Produktpalette aus blauem Himmel und Sonnenschein sowie Sturm und Starkregen. „Schwere Wetter" wie man früher „Unter Tage" sagte. Aber die 5.000 Helfer hielten durch und markierten für die zahlreichen Besucher das einstige Ruhrpott-Zechengewirr. (Schacht)Zeichen im schönsten Wortsinn. Und überall dieselbe erstaunte Frage: Hier stand tatsächlich mal `ne Zeche?

Das galt auch fürs Ehrenfeld. Selbst wenn ich mich nur dunkel an die Ruine von Friederica 1 an der Knepperstraße erinnere. Für uns Kinder war dieses wilde, verbotene Areal der tollste Spielplatz der Welt und jeder starb hier dutzendmal Winnetous Heldentod. Aber die SchachtZeichen bescherten auch magische Momente: Ballone am Himmel, darunter Menschen im Gespräch, nächtliche Treffen auf Aussichtspunkten und sogar Hochzeiten und Kindstaufen unter den gelben Riesen. Und in der Freitagnacht staunte selbst der Vollmond über so viel strahlende Konkurrenz. SchachtZeichen RUHR.2010 war kein Event, sondern ein gigantisches Bildungswerk.

FIFA: Feiste Internationale Fußball Abzocke.

Vorweg, ich hasse Vuvuzelas! Diese Beklopptentrompete gehört jedem der Pustefixe elegant um den Hals gewickelt. Aber das nur am Rande. Die WM zeigt eindrucksvoll, wie schnell Südafrika ein blühendes und ertragreiches Paradies wurde. Wenn auch nur im TV und nur für vier Wochen und mit dem Reibach ausschließlich auf den Konten Sepp „Corleone" Blatters weltumspannender Fußball-Mafia. Übrigens sehen alle Menschen rund um den Globus dasselbe Fernsehbild bei sämtlichen Spielen. Dass nenne ich mal ein Monopol. Natürlich mit vielen Totalen, damit wir bloß lange genug auf die Bandenwerbung glotzen. Und damit dem FIFA-Kraken auch kein Fußball-Dollar entgeht, wurde um jedes WM-Stadion eine Bannmeile errichtet. Bewacht von unzähligen Security-Tagelöhnern, die übrigens nur ein Zehntel des vorab in Aussicht gestellten Salärs erhielten und dementsprechend sauer reagierten, wenn in diesen Sperrzonen ein einheimischer, nicht lizensierter Händler versuchte, ein paar Krümel vom WM-Kuchen zu ergattern. Der war wie immer längst vorher verteilt, wenn sich die FIFEristen über einen Austragungsort her machen. Das haben jetzt auch viele Südafrikaner erkannt – Politiker und Würdenträger natürlich ausgenommen. Ach ja, Deutschland ist im Halbfinale. Schöne Ferien, Euer Olly.

Ein ganzes Jahr Geschichten von daheim.

Kaum zu glauben, da schreibe ich hier tatsächlich meine zwölfte Kolumne für den Ehrenfelder. Ist es wirklich schon ein Jahr her, seit das sympathische 3Satz-Team auf die herrliche Idee kam, dem Ehrenfeld eine eigene Postille zu schenken und die Bewohner des „4tel vor" monatlich und kostenfrei rundum und unterhaltsam zu informieren? Es hat sich gelohnt! Denn (was wir alle längst wussten) wir sind jetzt auch hochoffiziell „Best of the West" und damit Top-Viertel des Ruhrgebiets. Übrigens, Babies starten in diesem Alter mit etwas Glück gerade mal ihre ersten eigenen Schritte, fangen an sich kleckerintensiv selbst zu füttern und haben diebische Freude an allem, was Krach macht. Im Gegensatz zum Ehrenfelder jedoch sind sie selbst bei genauestem Hinhören nur sehr schwer zu verstehen.

Ich jedenfalls freue mich, hier seit der Premiere Monat für Monat zu frotzeln und zu philosophieren und wünsche mir, dass nicht nur die Zeitschrift, sondern auch das von ihr beschriebene Fleckchen Bochum noch ein langes, spannendes, abwechslungsreiches und pulsierendes Leben vor sich hat – Herzlichen Glückwunsch vom Ehrenfelder Einwerfer.

Ach ja, das Exzenter-Hochhaus hat jetzt schon eine ganze halbe Etage, die Oskar-Hoffmann-Straße ist nach diesem Winter ein noch schlimmerer Flickenteppich und der 2. Ehrenfelder U-Bahn-Flohmarkt war erneut ein voller Erfolg.

Spanische Schnupfenfarm: Hatschienda.

Meine Nase weigert sich standhaft etwas bei sich zu behalten und vor meinen Augen verschwimmt alles, als schaue ich durch Glasbausteine. Der tagelange Sonnenschein hat mich reingelegt und so kam ich durch die falsche Kleidungswahl zu einer richtigen Grippe. Soviel zum „Goldenen Oktober". Ältere verziehen jetzt vielleicht das Gesicht, da sie an den namensgleichen Wein denken, der in den 1960-ern tausende Geschmacksnerven ruinierte. Mein „Oppa" behauptete sogar, Agfa und Kodak hätten in der Plörre ihre Fotos entwickelt.

Egal, fest steht, der Herbst ist da und damit auch die Zeit der Winterspeisen. Meine liebe Schwiegermama steckt mit beiden Armen im Knödelteig, Sauerbraten- und Eintopfaromen wehen durch Ehrenfelder Hausflure und viele denken schon an Gänsekeule mit Rotkohl. Auch das St. Mauritius-Stift hat kulinarisch aufgerüstet. In höchsten Tönen lobte ein externer Stammesser die dortige Bayerische Woche. Mit Leberknödelsuppe, deftigen Braten und natürlich Weißwürsten samt süßem Senf. Auch wenn mein Informant die Wurst in einer Kombination aus Unwissen und Heißhunger samt Pelle verschlang.

Als ich dann noch in meiner neuen alten Lottoannahmestelle Eisbären zu Spieluhrklängen Schlittschuh laufen sah – was nicht an den Grippemedikamenten lag - kann wohl auch Weihnachten nicht mehr weit sein. Und wat sachte da früher unser Omma immer zu uns Blagen: Kommt gezz abba ma lecker bei mich bei.

Ehrenfelder Kochstudios.

Einkaufen im „Viertel vor" ist ein Genuss. Man trifft auf die adipöse Dame, die das ihr bereits bedenklich eng anliegende T-Shirt noch eine Nummer kleiner probieren will oder den älteren Herrn, der partout nicht versteht, warum er keine halben Croissants kaufen kann. All das ist wunderbar, jedoch nichts gegen die miterlebte spontane Rezepttalkshow in einer Metzgerei unseres Viertels. Ich memorierte in der Schlange vor der Kühltheke noch das zu Besorgende, als ein junger Mann die Fachfrau schüchtern fragte, ob sie wohl wisse, wie man Schweinshaxen zubereitet? Die Frage schwebte noch im Raum, als er von allen Seiten mit Rezepten über das Zustandebringen einer 1a-Schweinshaxe bombardiert wurde. Die Schar der in der Kochkunst versierten Kundinnen war Legion, kreiste den Jüngling ein und überhäufte ihn mit einem nicht fassbaren Erfahrungsschatz. Dabei ging es um das richtige Fleisch, die exakt einzuhaltenden Zutaten sowie deren korrekte Menge, das minutengenaue Ofenvorheizen sowie verrückte Tricks für den Verzehr, damit die Garderobe nicht leidet. Ich stand ein wenig abseits mit vor Staunen offenem Mund und versuchte jeden noch so winzigen Hinweis aufzusaugen. In Gedanken sah ich bereits das verdutzte Gesicht der Einzigen, käme sie von einem harten Arbeitstag heim und stünde einer makelos zubereiteten Schweinshaxe samt Beilagen gegenüber. Ich verließ, hoch euphorisiert, das Geschäft und bemerkte erst an der nächsten Ecke, dass ich gar nichts eingekauft hatte. Für diese Momente liebe ich mein Ehrenfeld.

Schilda, Ortsteil Ehrenfeld.

Es gibt Länder, in denen das Auffinden von Straßen durch fehlende Beschilderung schwierig ist. Einzige Chance sein Ziel dann doch zu erreichen ist radebrechende Kommunikation mit Einheimischen, verlässliche Faltpläne oder deren digitale Brüder, die einem heute aus jedem Auto wie Mini-Altäre entgegengleißen. Verwirrt dürften Ausländer daher sein, wenn sie ins Ehrenfeld kommen und sich unserem Romanusplatz nähern.

Ganz gleich, aus welcher der sechs Richtungen sie auf den Kreisel treffen, überall prangt ein großes Schild, das in epischer Breite den Namensgeber porträtiert. Natürlich ist es lobenswert Fremde zu informieren, aber hätte es ein einziges Schild an prominenter Stelle nicht ebenfalls getan? Es gab doch auch nur einen Pater Romanus Bange. Und predigt nicht gerade die Kirche ständig das Maßhalten? Für das Restgeld hätte man mehr weiße Farbe kaufen können, um Radfahrern ihre Geisterfahrt bis zum Ende von Wilhelm-Stumpf- und Hubertusstraße zu ermöglichen und sie nicht nach nur fünf Metern verwirrt am Straßenrand zurück zu lassen. Wenn sie den Radweg-Hinweis überhaupt unter den parkenden Autos gefunden haben. Aber so ist es nun mal mit der Stadtplanung. Marx ist hier die Theorie und Murks die Praxis. Wir haben uns daran gewöhnt. Frohe Festtage, fette Beute unterm Baum, einen guten Rutsch und alles Gute bis zum ersten 2011er Einwurf.

Sackerl für's Kackerl.

In Bochum gibt es etwa 15.000 gemeldete Hunde, plus ca. 3.000 nicht registrierte. Also 18.000 Fellträger deponieren in Bochum jährlich gut 450 Tonnen Exkremente, wobei dass Ehrenfeld davon einen nicht unwesentlichen Teil abbekommt. Das liegt aber nicht daran, dass immer mehr Hundebesitzer ins Viertel ziehen, sondern dass die Zahl der Leinenträger steigt, denen es scheißegal ist, wo sich Fifi entleert. Fand man die Haufen früher in Beeten, auf Wiesen oder an Häusermauern (was auch nicht wirklich schön war), so tauchen die Tretminen jetzt auch mitten auf Bürgersteigen, vor Haustüren und in Geschäftseingängen auf.
Schon mal gesehen, wie jemand seinen Hund auf eine Rolltreppe kacken lässt? Stuhlgang kriegt da eine völlig neue Bedeutung. Zudem geht mir die steigende Zahl der Scheißhaufen tierisch gegen den Strich und zu oft unter die Schuhe. Wo sind die Zeiten, in denen die Halter nach jedem Geschäftsabschluss beherzt in die Tasche griffen und den Auswurf mittels Plastikbeutel fachgerecht entsorgten. Diese heroische Tat sehe ich kaum noch und selbst der verstohlene Blick beim „einfach Weitergehen" ist kompletter Ignoranz gewichen. Noch schaue ich mir das kopfschüttelnd an, aber bald lege ich mich mit Verbündeten auf die Lauer und wir stecken Fähnchen in die Haufen, auf denen dann Name und Adresse der Verursacher stehen. Hei, wird das ein Spaß.
Ach ja, frohes neues Jahr.

Straßenbau, (k)ein Kinderspiel.

Erinnern Sie sich noch an Ihre Sandkastenzeit? Mein Kumpel Willy und ich plätteten damals mit Händen, Schüppchen und Begeisterung stundenlang die gewagtesten Straßenkonstruktionen ins körnige Spielplatzmaterial. Jede Fahrbahn musste spiegelglatt sein, damit sich unsere Matchbox-Boliden bloß keine Achsschäden einfingen.

An diese lang zurück liegende Zeit musste ich denken, als ich Augenzeuge einer kosmetischen Asphaltreparatur auf der Alten Hattinger Straße wurde. Zwar ist es dort noch nicht so wild wie auf der Oskar-Hoffmann-Straße, bei der es mittlerweile günstiger wäre einfach einen Deckel draufzusetzen und sie als Tunnel auszuweisen, aber der Winter hat Spuren hinterlassen. Das Bau-Quartett verließ also den Pritschenlaster und nach ausgiebiger Schadensbegutachtung wurde ein Kollege auserkoren dem Schlagloch mit Schaufel und weichem Teergemisch eine Füllung zu verpassen. Natürlich unter fachkundiger Anleitung der Kollegen, die auf jede übersehene Stelle deuteten. Nach getaner Arbeit ließ sich der Trupp erschöpft im Wagen nieder, um dann mit einem der beiden hinteren Zwillingsräder satte acht Mal vor und zurück über die malade Stelle zu fahren, um die Reparaturmasse dem Niveau des Straßenbelags anzupassen. Kurze Zeit später fuhr bereits der erste Pkw über die „Bau"Stelle und verteilte einen ansehnlichen Klecks der Fugenmasse großzügig über die Fahrbahn. Diese vier Jungs hätten bei Willy und mir niemals mitspielen dürfen.

Lizenz zum Geld drucken.

Zugegeben, der Mobilitätswahn nimmt zu. Jede Strecke wird heute motorisiert zurück gelegt und der Zweitwagen gehört zum guten Ton. Leider hat sich der Parkraum reziprok zum Autoaufkommen entwickelt und eine Frage ist drängender denn je: wohin mit dem Vehikel? Mancher hat einen Anwohnerparkausweis, von denen es aber deutlich mehr gibt, als ausgewiesene Stellplätze. Bis heute amüsiert mich übrigens die städtisch subventionierte Legasthenie auf den Hinweisschildern: *Parkausweis mit Nummer K.*
Aber was ist mit den Kfzlern, die weder Garage noch Ausweis ihr eigen nennen und zudem ein Geschäft im „4tel vor in Gang" halten müssen. Diese armen Kreaturen werden täglich Opfer einer stets im Duett auftretenden minicomputerbehängten städtischen Parkplatzmafia, die rigoros und ohne jeden Anflug von Feingefühl Geld für das Stadtsäckel sammelt. Begriffe wie Be- und Entladen sind ihnen ebenso fremd wie die aktuelle Tageszeit. Letzteres weiß jeder, der mal nach 18 Uhr ein Knöllchen im Parkscheinautomatenbereich kassierte. Von Freundlichkeit und Umgangsformen ganz zu schweigen.
Natürlich muss zügellosem Parken begegnet werden, aber den Einsatzleitungen dieser uniformierten Inkasso-Kommandos geht es schon lange nicht mehr um die StVO-Einhaltung, sondern wie den TV-Machern nur noch um Quote und Profit. Schade, denn mit Augenmaß und etwas Verständnis könnte mit den echten Falschparkern sicherlich genug Geld verdient werden.

Es grünt so grün ...

... da zerreißt es im fernen Japan ein Atomkraftwerk und schon fahren die Grünen in Baden-Württemberg 24,2 % ein, strahlen mit der SPD um die Wette und die „Früher **D**ritte **P**artei" schafft soeben die 5 vor Komma und 0. Dann haut es Herrn Westerwelle aus den Vorsitzendenpantinen und Rainer Brüderle, die gelbe Tonne, kegelt sich mit einer ehrlichen Atomantwort aus der Nachfolgediskussion. Das passiert, wenn Politiker in einem unbedachten Moment die Wahrheit sagen. Wie wäre es wohl, wenn die Ur-Grünen heute in Bochum so ein Ergebnis einfahren und die SPD koalieren müsste, um noch mitspielen zu dürfen? Unsere Frau Dr. Bürgermeisterin barfuß in der birkenstockschen Fußschweißwanne, mit hoch gekrempelter Cordlatzhose und „AKW nee"-Sticker am garantiert handgeklöppelten und natürlich fair gehandelten peruanischen Alpaka-Pulli? Hei, das wäre ein Spaß.

Bestimmt käme der Brustbeutel zurück, ebenso wie Moschus- und Patschuli-Düfte sowie Dutzende Kleinkinder, die kreischend durch die Ratssitzungen flitzen und deren stoisch strickende Erzeuger das Gejohle komplett ignorieren. Bei Zimttee und Räucherstäbchen wird zwar nicht ein Problem gelöst, aber die Gepräche wären „echt voll konstruktiv, Du". Und die Stuhlpatenschaft der Kammerspiele (übrigens eine sehr unglückliche Wortwahl) erweiterte sich um die Aktion „Rent a plant", bei der jedes neue Sitzmöbel gleich noch ein regenbogenfarbenes Balkonkästchen an die Rückenlehne getackert kriegt.

Ob es dann besser wird? Natürlich nicht. Aber lustig wär's, ist doch auch was.

Über sieben Brücken musst Du geh'n.

So schallerte vor 33 Jahren die DDR-Rockband Karat und Wucht-röhre Joy Flemming war bereits 1975 der Überzeugung „Ein Lied kann eine Brücke sein".

Diese Musiker würden sich wundern, versuchten sie trockenen Fußes auf dem feinen Spazierweg hinter dem Blau-Weiß-Schwimmbad im Wiesental die kleine Furt zu passieren. Karat müsste dort bereits vor der ersten Brücke kapitulieren und auch Frau Flemmings Liedchen brächte sie niemals auf die andere Seite. Eingepfercht in ein Gitterkorsett ist das morsche Brückchen schon seit einem Jahr gesperrt, weil die Stadt für ein neues natürlich kein Geld hat. In der City versetzt man ganze Brunnen für die Kortum-straßensanierung, kauft für Meister Engelberts Fußspülung eine 60 Mille teure Pumpe, die aber auf Grund ihres hohen Gewichts nicht verbaut werden kann, ohne in der U-Bahn Venedigs Kanalsystem nachzubilden.

Bevor jetzt aber sinnfreie Unterschriftenaktionen, Lichterketten und Mahnwachen zum Brückenneubau starten, frage ich von hier aus mal die Spender der „Philharmonie-wird-jetzt-doch-nur-Konzerthaus-oder-vielleicht-bloß-Dauerparkplatz", ob sie nicht mal für eine Woche auf die Zinsen ihrer geparkten 14,7 Spenden-millionen verzichten könnten. Dafür bastelt uns dann eine Ehren-felder Schreinerei 'ne töffte Überführung und im Wiesental geht's endlich wieder rund. Zur Eröffnung trällern wir dann alle „Über die Brücke gehen" von Ingrid Peters.

Steht der Großglockner jetzt im Ehrenfeld?

Lange habe ich überlegt, ob ich das heikle Thema hier anschneide oder lieber in Pfälzer Altkanzlermanier aussitze. Aber es muss sein, denn ich bin sauer. Ich schlafe nicht länger als der bundesrepublikanische Durchschnitt, aber seit drei Wochen falle ich morgens pünktlich um kurz vor sieben aus dem wohltemperierten Wasserbett, da sich die Kirchenglocken deutlich mehr herausnehmen, als die Jahre zuvor. Zwar stehe ich dem infernalischen Geläute als konfessionsloser Agnostiker seit Dekaden skeptisch gegenüber, habe den akustischen Wahnsinn aber stets goutiert, obwohl mir der Sinn auf ewig verschlossen bleiben wird. Beim ersten morgendlichen Hochschrecken glaubte ich noch an altersbedingte Überempfindlichkeit, beim zweiten Mal an zu leichten Schlaf. Nachdem ich aber jeden Tag aufs Neue durch dieses eigentlich längst ins Unterbewusste verdrängte Gebimmel geweckt werde und mir zudem auch Abends um sechs die Hörschnecke aus der Ohrmuschel tritt, bin ich sicher, hier stimmt etwas nicht – aber was? Sonntagmittag saß ich dann an meinem Lieblingskaffeeplatz an der Alten Hattinger Straße und beäugte bei gefühlten 400 Dezibel misstrauisch den Turm der Meinolphuskirche, als mir die Chefin eine durchaus plausible Erklärung entgegen brüllte: „DIE LAMELLEN DES GLOCKENTURMS STEHEN DEUTLICH WEITER OFFEN ALS SONST, DAS IST TIERISCH LAUT." Seit diesem Wochenende hasse ich Lamellen.

Wir werden wieder Weltmeisterin.

Mit diesem schönen WM-Song der „Sommermädchen" im Ohr muss ich zu Beginn dieses Einwurfs eine Lanze für den Frauenfußball brechen (wie passend). Die platten Späßchen einiger Herren kann ich nicht mehr hören: „Warum sind die Frauen-WM-Rechte billiger als die der Männer? Man braucht keine Zeitlupe." „Schade, dass es keinen Trikottausch gibt." „Kein blauer Fleck, kein Fingernagel abgebrochen, keine Laufmasche … es war ein gutes Spiel." „Wie heißt die Assistenztrainerin von Siliva Neid? Ulrike Ballweg!" Boaaah, erzählt das doch bitte Mario Barth und nicht mir, der freut sich (hoffentlich) kaputt. Ja, ich finde Frauenfußball klasse. Die Mädels kämpfen, flanken, kombinieren und schießen wie die Kerle. Zwar (noch) etwas langsamer und weniger athletisch, aber immer mit Technik, Ballgefühl und viel Herz und Einsatz. Siehe JAP-MEX, FRAU-DEU, SWE-USA oder BRA-NOR. Sicher gibt es schwächere Teams, aber die haben die Gemächtträger auch, da ist es aber okay. Kann man sich nicht einfach mitfreuen? Wir lassen doch auch muskelbepackte Männer über Turnmatten hopsen oder spargeldürr und bunt bemalt auf dem Eis den sterbenden Schwan geben. Jeder treibt doch den Sport, der ihm gefällt. Warum hört man eigentlich nichts Schlechtes über Frauen-Beach-Volleyball? Würden die Kickerinnen in Bikinis auflaufen, verpassten die Witzereißer bestimmt kein einziges Spiel. Aber dafür sind die Mädels zu clever.

Niemals geht man so ganz.

„Du, die Lis ist tot." Die Nachricht ging wie ein Lauffeuer durch Bochum, lange bevor die Revierpostillen darüber berichteten. Und immer dieselbe Reaktion: „Nee!?" Dann erst mal Schweigen. Jeder, mit dem ich sprach, hielt kurz inne und ließ seine ganz privaten Hufeisen-Erlebnisse Revue passieren. Ich kenne Dutzende Menschen, die in dieser wunderbaren Parodie einer Kneipe, die 45 Jahre beharrlich sämtlichen Auflagen des Ordnungsamtes trotzte, in feuchtfröhlichen Nächten so manche Erinnerung an dieselben verloren haben. Aber war das überhaupt möglich? Konnte dieses Kölsch(e) Theken-Unikat einfach so sterben? Lis war für viele wie Jopi Heesters, so jemand tritt nicht ab, der lebt ewig. Ob nach VfL-Spielen, beim Feierabendbier (es blieb nie bei dem Einen), zum Absacker nach Kneipentouren, zur Karnevalszeit oder einfach zwischendurch. Bei Lis traf man sich zu jeder Tages- und Nacht-zeit. Und wenn man gefragt wurde, wer geht denn da hin, war die Antwort leicht: alle. Quer durch die Generationen und den gesell-schaftlichen Garten stand man im Hufeisen dicht gedrängt. Trank rauschorientiert, laberte, hörte zu, sang, diskutierte, schrie, lachte, schäkerte, tanzte und war einfach nur zufrieden. Und jetzt? Ist erstmal Schluss, leider.

Aber wie sagte Lis gern: „Sauber austrinken!". Das hat sie auf jeden Fall getan. Wenn auch etwas zu früh. Danke Lis. Mach's gut, man sieht sich.

Oskar-Hoffmann-Straße reloaded.

In Ausgabe zwei dieser Zeitschrift echauffierte ich mich über die Materstrecke zwischen Königsallee und Unistraße, der ich die langsame, aber sichere Zerlegung unseres alten Autos in mehrere nicht näher von mir zu benennende Baugruppen verdanke. Wie auch viele andere Bochumer wünschte ich mir nichts sehnlicher, als dass die Schienenreste verschwinden und wir auf einer schönen neuen Asphaltdecke sanft dahin gleiten. Aber was passiert, wenn der Amtsschimmel endlich einmal gesattelt ist? Er geht mit allen Verantwortlichen durch und eine der schönsten Buckelpisten Bochums wird für die nächsten zweieinhalb Jahre (wenn das reicht) nicht nur Dauerbaustelle, sondern gleich für acht Millionen Euro (!) komplett neu erfunden.

Ich habe an der Hugo-Schultz- und an der Yorckstraße gewohnt, als dort nur Kanalbauarbeiten für ein paar lumpige hunderttausend Euro durchgeführt wurden. Als Oskar-Hoffmann-Anwohner würde ich Kontakt zu den VOX-Redakteuren der Doku-Soap „Die Auswanderer" aufnehmen ... denn schön wird das nicht.

Natürlich hat die jahrelange Flickschusterei mehr zerstört als repariert, aber muss man die Straße gleich entkernen und unterkellern? Augenmaß und Verhältnismäßigkeit scheinen nicht gerade gebräuchliche Vokabeln in Politik und Straßenbau zu sein. Daher haben wir uns schon längst an das Geklapper der bunten Steinchen auf der Bongardstraße gewöhnt, die zwar hübsch anzusehen, aber nicht für das langfristige Befahren mit Linienbussen ausgelegt sind, stehen bald auf der A 40 sechsspurig im Stau und werden eventuell Ende 2014 über den neuen Oskar-Hoffmann-Boulevard flanieren.

So klein, so süß und so beliebt.

Es ist wie mit richtigen Kindern. Erst geht man monatelang mit der Idee schwanger, ob man es wirklich wagen soll und hat man sich endlich entschieden, ist der Anfang alles andere als leicht. Man schleppt den Steppke zunächst nur durch die Gegend, muss ihn füttern und aufpäppeln, ihn auf die Welt da draußen und die Welt da draußen auf ihn vorbereiten. Aber vom Start weg ist man überrascht, wie positiv die Nachbarschaft reagiert. Schließlich ist da was Frisches, Unverbrauchtes und es kommt aus der Gegend. Und ehe man sich versieht, rennt der Dötz plötzlich los. Am Anfang noch wackelig, aber immer hochmotiviert und fast jeder hat ein freundliches Wort für ihn übrig.

Nicht anders erging es dem kleinen Ehrenfelder. Das 3Satz-Büro hat lange überlegt, ob es richtig ist, ihn hier zu bekommen. Aber man hatte Glück. Die Gegend war im Umbruch und bereit für etwas Neues und gab ihm eine Chance. Nicht nur Geschäftsleute waren von der Idee einer Viertel-eigenen Zeitschrift angetan, auch die Bewohner, sozialen Einrichtungen, Sportvereine und die Künstlerszene hatten plötzlich ein Sprachrohr, um auf kleine und große Ereignisse und Missstände hinzuweisen und den Zusammenhalt im „Viertel vor" zu fördern.

Und jetzt wird der Köttel tatsächlich schon zwei Jahre alt und ist langsam aus dem Gröbsten raus. Den Weg in die Kita kann er sich schenken, denn es kümmern sich viele Menschen so rührend um ihn, dass er weder vor den Großen der lokalen Presse, noch der Politik kuschen muss. So jung er auch ist, seinen eigenen Kopf hat er bereits. Und daran hat ein ganzes Viertel seinen Anteil.

Happy Birthday!

Entzugsstrapazen.

Faszinierend, was Menschen anstellen, um abzunehmen, weniger zu trinken, mehr Sport zu treiben oder das Rauchen aufzugeben. Sie schwören Eide beim Trikot ihrer Lieblingsmannschaft oder schließen sich mit Leidensgenossen zusammen in der Hoffnung, nicht der Einzige zu sein, der versagt.

Gestartet werden derartige Unternehmungen gern an Geburtstagen oder den Ersten eines Monats. Der Klassiker aber bleibt der Vorsatz fürs neue Jahr. Ich selbst habe an Silvester nur noch einen Vorsatz: Nie wieder Vorsätze. In all den Jahren stand ich jedoch kopfschüttelnd vor mit Ketten verrammelten Kühlschränken oder war bei der finalen Entsorgung von Aschenbechern behilflich. Letzteres oft mit dem Effekt, dass nach dem Rückfall aufgrund fehlender Zigarettensärge keine Untertasse mehr zu gebrauchen war. Auch lehnte ich viele Wetten ab, bei denen mir Weltreisen, Ehefrauen und Autos als mögliche Preise in Aussicht gestellt wurden, sollte ich die Auftraggeber beim Fehltritt überführen.

Ein kunstbeflissener Ehrenfelder Ladenbesitzer wollte dem Ausstieg aus der Nikotinsucht ebenfalls durch eine Wette den nötigen Ernst verleihen und bot dem, der ihn beim Gelübdebruch überführe 50 € an. Die Sucht war auch hier stärker als der Wille und statt dem „Erwischer" stickum die Kohle rüber zu schieben, besann sich der Verlierer auf abendländische Traditionen. Bei Redaktionsschluss hatte er sich bereits auf eine Kiste Fiege runter gefeilscht – toi, toi, toi.

Die Welt ist komisch, aber nicht lustig.

Das wird mir klar, wenn ich durch unser Ehrenfeld schlendere und das seit langem leer stehende Ladenlokal an der Alten Hattinger Straße sehe. Denn nicht nur der hünenhafte und gertenschlanke Basketballer Dirk Nowitzki bekam als Steppke beim Metzgereibesuch seine Scheibe Wurst direkt aus der unbehandschuhten und vor Kälte stets roten Meisterpranke. Auch für den bis heute klein und dicklich wirkenden Verfasser dieser Zeilen war die Frage „Darf der Kleene Wuarst?" in den Fleischtempeln des Viertels der wahre Grund, um sich zum Einkaufen mitschleifen zu lassen. Und bevor es böse Briefe hagelt, Leckerchen fürs Dickerchen gabs natürlich auch in den hiesigen Bäckereien. Aber zurück zur leeren Kampmann-Immobilie. Das Viertel hat sich prächtig entwickelt. Neue Geschäfte haben sich etabliert und auch für die wie eine geschlossene Badeanstalt wirkende Metzgerei gab es zahlreiche Interessenten. Weil aber die Verpächter des muffelnden Kachelparadieses seit dem Aufstieg des Ehrenfelds zum Top-Viertel des Reviers dem Goldrausch verfallen sind, steht es noch immer leer. Bei der horrenden Pacht vermute ich im Keller der Ex-Schinkenschmiede Teile des legendären Inka-Schatzes.
Sollten die Anbieter weiterhin sturr bleiben, wünsche ich mir, dass Aktionskünstler Schamp sein „Situatives Brachland Museum" zwischen Lidl und Riff-Halle kurzerhand bis in die unansehnliche Kachelruine ausweitet. Matthias, ist das nicht eine Überlegung wert?

An dieser Stelle einen ganz lieben Gruß an die „Kochmomente", die dieses Ladenlokal nach langer Zeit des Leerstands in neuem Glanz erstrahlen lassen wollen ... viel Erfolg!

Eiskalt erwischt oder warum Eskimos so glücklich sind.

Klimawandel? Dass ich nicht lache. Seit Wochen blicken wir zum strahlend blauen Himmel, erfreuen uns an eisig-trockener Luft und frieren uns bei Temperaturen jenseits der Minus 10 Grad den berühmten „Pinn in' Arsch", um mal wieder mit Omma Matta zu sprechen. Jeder zweite leidet an Rüsselpest, obwohl alle dick eingepackt wie die Michelin-Männchen durchs Viertel wanken. Auf den Kinderwagen türmen sich Bettdeckenberge, unter denen die penibel verpackten Kleinen nur noch schemenhaft zu erahnen sind. Selbst das sonst deutlich vernehmbare Geschrei klingt so dumpf, als wohne man neben einem florierenden Domina-Studio. Positiv bei diesen Temperaturen ist der eingeschränkte Elan unserer sonst eifrigen Politessen. Bereits dreimal gelang es mir und meinem Auto in Ermangelung von Kleingeld, länger als zwei Stunden knöllchenfrei zu überleben. Die Ordnungshüterinnen fand man derweil, statt ihre computergestützten Geldeintreiber bei den arktischen Temperaturen an die Leistungsgrenze zu treiben, bei Heißgetränken im beheizten Bäckereicafé. Sehr lobenswert und nachvollziehbar. Die wenigen Kinder, die von ihren Eltern von Playstation und PC getrennt werden konnten, erfreuten sich beim Eisköttel-Kicken mit zu Stein gefrorenen Hundehaufen nicht nur an den zu erzielenden enormen Weiten, sondern auch am Gezeter der zufällig Getroffenen. Unterm Strich fand ich daher diese Eiszeit viel „töfftererer" als die jetzt wieder einsetzende matschige Erderwärmung.

Inselkoller.

Es ist wie im Fußball, man hat seine Laufwege. Das ist bei mir nicht anders. Wenn ich das Ehrenfeld durchstreife, bewege ich mich wie in Trance, da ich jeden Winkel zu kennen glaube. Umso härter traf es mich, als ich die Hattinger Straße in Höhe des Fußbekleidungsfachgeschäftes überqueren wollte. Während ich eine Textidee in meinen digitalen Begleiter tipperte, durchzuckte mich plötzlich in Gemächthöhe ein dumpfer Schlag, der mich taumelnd zurück warf. Benommen realisierte ich, dass ein frisch eingelassener Metallpfahl, der mit vier weiteren Kollegen einen der Seitenstreifenparkplätze besetzt hielt, Ursache für meine schmerzende Harnabteilung war. In der Straßenmitte standen zudem zwei an Hässlichkeit nicht zu überbietende Betonkübel, an denen jeweils mit Richtungspfeilen versehene Verkehrsschilder ungelenk montiert waren. Die skurile Installation stand auf einem laienhaft gepinselten Liniengewirr – dem legendären „Brigitte"-Schnittmuster nicht unähnlich – dessen Bedeutung sich mir partout nicht erschließen wollte. Auf der anderen Straßeneite hatte man ebenfalls einige rot-weiße Skrotum-Killer im Boden verankert. Das sollte also die seit langem geforderte „sichere" Querung der Hattinger Straße sein. Ich war versucht, dicke rote Ziffern in die Zwischenräume der weißen Linien zu sprühen und stellte mir vor, wie die Konstrukteure dieser sinnfreien Scheußlichkeit dazu verdammt wären, auf ihrer „Insel" tagelang zu unserer Belustigung das alte Kinderspiel „Himmel & Hölle" zu hüpfen.

Ist das Kunst oder kann das weg?

Diesen von Reinigungsfachkräften in Museen häufig geäußerten Satz stelle ich heute voran – aus gutem Grund. Da haben die lieben Damen und Herren Journalisten vom 3Satz-Büro nach langem Renovieren und mit nicht unerheblichen Kosten ihren neuen Zeitschriftentempel bezogen, um mehr Platz für die Herstellung der viel gelobten und gelesenen Stadtteil-Postillen zu haben und was müssen sie morgens entdecken? Auf dem flammneuen schneeweißen Rahmen des riesigen Schaufensters hat sich jemand verewigt. Aber nicht mit Wasserfarbe in kunstfertig abstrakter oder gegenständlicher Manier, über die man geschmunzelt hätte, bevor man zum Schwamm greift. Nein, gemalt oder besser gesagt geschmiert wurde ein Buchstabenkauderwelsch mit Hilfe eines hochresistenten Faserstifts. Diese TAG (sprich: Täck) genannte und natürlich aus den USA importierte Unsitte, mit der die Schreiber überall ihr Pseudonym hinterlassen (was kein Schwein interessiert), um ihr Revier zu markieren, erinnert stark an Rüden, die auch jede Wand, Laterne oder Radkappe anpinkeln, um zu dokumentieren, dass es sie gibt (was zumindest hier ein paar läufige Weibchen interessieren könnte). Habe ich bei Hunden für diesen Ur-Instinkt noch gewisses Verständnis, geht es mir bei den nachtaktiven Filzstift-Vandalen komplett ab. Grafittis, TAGS und jede andere Form von Straßenkunst ist okay, jedoch mietet Euch dafür Litfaßsäulen und Plakatwände oder bemalt und besprüht Eure Klamotten, meinetwegen bis zum finalen Butanrausch. Aber lasst fremdes Eigentum in Ruhe, denn sonst ist ein TAG nur eins, Total Albernes Geschmiere.

Zugeschaut, mitgebaut.

An diese aus meiner schwarz-weißen TV-Kindheit stammende Nachmittagssendung, in der ein kauziges altes Männlein im grauen Arbeitskittel uns Blagen die Freuden des Heimwerkens nahebringen wollte, musste ich jetzt wieder denken. Ganz stickum, wie wir hier gern sagen, wenn etwas heimlich über die Bühne geht, hat unsere Stadt der Hattinger Straße ein weiteres bauliches Hochlicht verpasst. Die mittig gelegene Haltestelle Schauspielhaus der Buslinie 388 befindet sich nun direkt am Straßenrand vor dem Grill-Chef. Jetzt wird es dort drinnen nicht nur stündlich dunkel, wenn der Bogestra-Bolide hält, nein, man kann sich als Zugabe von den Fahrgästen beim Essen auf den Teller glotzen lassen. Loriot hätte es gefallen.

Natürlich wurden auch hier wieder die scheinbar en gros eingekauften kreuzdämlichen Metallpinne im Boden versenkt, bei denen das Wort Spießgeselle beim zu hastigen Aussteigen eine neue Bedeutung bekommen kann. Sind diese Dinger momentan der letzte Schrei oder nur ein Fetisch des städtischen Bauamts?

Der interessierte Laie fragt sich natürlich, warum die Haltestelle überhaupt verlegt wurde. Die irgendwann noch zu entfernenden alten Straßenbahnschienen werden hier wohl als Grund herhalten müssen. Obwohl, wer gesehen hat, wie genervt die Buslenker versuchten, sich rechtzeitig vor der Karambolage mit der nahenden Inselfestung wieder in den Verkehr einzufädeln, könnte anderer Meinung sein – Schilda lässt grüßen. Das erinnert mich übrigens an den damaligen Bergmannsheil-Umbau, bei dem die Türen eine Terz zu schmal waren für Standard-Krankenhausbetten.

Zum Schluss ein Menü-Tipp für den Chef-Grill: Wie wär's mit „Glasiertem Menschenauflauf an Speckstreifen à la BoGeStra".

Dunkler Fleck auf grüner Lunge.

Von wegen im Ehrenfeld ist nichts los. Neben Schauspielhaus-festen, U-Bahn-Flohmärkten, Sparkassen-Giros und Ruhr-Mara-thons elektrisierte Ende Mai ein weiteres Großereignis das Viertel. Mehr als 4.000 Menschen hielt es nicht mehr in ihren Wohnungen und Häusern. Der überraschende Auftritt eines lange verscholle-nen Shootingstars der Pyro-Szene war Anlass für eine beachtliche Stampede rund ums Wiesental. Groß und klein verließen mehr oder weniger freiwillig die Behausungen, um dem eventuell laut-starken Comeback einer englischen Zehn-Zentner-Fliegerbombe keine Angriffsfläche zu bieten. Bei der Evakuierung wurde an fast alles gedacht. So waren sämtliche Anwohner über die Häuser-räumungen informiert worden und auf der Kulmer Straße standen Parkverbotsschilder. Das schien jedoch einige Pkw-Besitzer nicht zu interessieren, sie suchten ohne ihre fahrbaren Untersätze das Weite. Dieser Faux-pas führte zum „Wetten, dass …"-reifen Versuch eines Lkw-Fahrers, der vier Container mit zehn 1.000-Liter-Wasserbehältern absetzen sollte. Trotz imposanter Rangier-leistung mit nur partieller Grünanlagen-Verwüstung stand das Räumkommando gleich danach der nächsten Verzögerung gegen-über. Der für das Auftürmen der Container gebuchte Gabelstapler erwies sich für die verlangte Hebefigur weder als kräftig, noch als groß genug. Ein Kran musste her. Der Kran kam, die Entschärfer entschärften, der Besatzer-Böller folgte nicht seiner finalen Bestimmung und um 15.36 Uhr war alles vorbei. Das Ehrenfeld bewies, dass selbst bombastische Veranstaltungen kein Problem darstellen.

Nix für ungut.

Es ist Zeit für die Wahrheit: ich bin komisch, wie die Einzige es liebevoll formuliert. Ich kann nichts mit Menschen- oder Lichterketten anfangen, Demos jeglicher Art langweilen mich, da hinten kaum einer weiß, worum es vorne eigentlich geht. Ich verabscheue sinnlose Gewalt, aber ohne zu jedem Tatort zu pilgern, um Teelichter zwischen Plüschtiere zu stopfen und damit der komplett talent- und pietätfreien, aber stets nach Schicksalen geifernden Boulevard-Journaille das verlogene Bild kollektiver gesellschaftlicher Trauer mit ausreichend Betroffenheit zu füllen. Auch bleibt das Wort für mich mächtiger als das Schwert, selbst wenn es immer weniger fehlerfrei schreiben können.

Nicht zu gewinnen bin ich zudem für das Tanzen um Kerzen und Feuer. Bin weder gemacht für Lach-Yoga, noch für das Waldorfsche Zupfen von Märchenwolle und erleide sekundenschnell Fremdschämanfälle, muss ich Zeuge mittäglicher Talk- oder Gerichtssendungen werden. Das gilt ebenfalls, soll ich über Casting-, Game- und Reality-Shows mitreden oder gar wildfremde Menschen beim Kochen beobachten. Für derlei Treiben ist in meinem eher verknotet, denn verdreht zu nennenden DNS-Strang kein Gen angelegt. Das bedaure ich manchmal, denn man steht recht allein da. Warum ich das erzähle? Die Bäume an der Oskar-Hoffmann-Straße werden gefällt. Das ist nicht schön, keine Frage. Aber das sich Anwohner zum Verabschieden von diesen und Umarmen derselben dort treffen wollen … s. o. Wundern Sie sich daher nicht, wenn Sie mich kopfschüttelnd in der Nähe sehen.

Skurrile Ausgrabungen und schräge Geografie.

Zunächst mal, schön, dass wir wieder da sind. Die Auszeit haben Bochums Straßenbauer genutzt, um uns sowohl eine Sackgasse zu schenken, als auch die inneren Werte der Alten Hattinger Straße näher zu bringen. Obwohl die Gruben-Optik eher einem Labyrinth, denn einer Baustelle gleicht. Oder waren gar angesehene Archäologen der hiesigen Hochschule mit Pinsel und Stukkateureisen am Werk, da sie unter dem maroden Pflaster Relikte vergessener Kulturen der Guanchen, Aruak oder Bo wähnten? Nicht auszudenken, wenn wir ein Problem wie weiland die Stadt Trier bekämen, die nach ewigem Ringen für ein unterirdisches Parkhaus dreimal zu graben begann und stets nach wenigen Metern auf antike Römer-Stätten stieß. Bis heute hat das schnieke Mosel-Städtchen keine unterirdische Auto-Verwahranstalt, aber drei neue Sehenswürdigkeiten. Hoffen wir mal, dass es trotz grotesker Schachtaushebung nur bei Versorgungsleitungen bleibt und das Viertel zumindest dort bald wieder dicht ist. Für Unter-Tage-Tourismus haben wir schließlich Zechen und den U-Bahn-Flohmarkt. Eigentlich sollte hier Schluss sein, aber verstehen Sie die neue Lokalteilzuordnung der WAZ? Ich nicht! Wie kann unser Ehrenfeld eingerahmt sein von Gerthe, Grumme, Riemke, Harpen, Hiltrop, Hofstede, Hordel, Hamme, Stahlhausen, Bergen und Rosenberg? – Geht's noch, liebe Blattmacher? Wenn man uns schon ständig erklärt, dass wir eigentlich zu Wiemelhausen gehören, dann packt uns auch bitte in die korrekte Rubrik. Sonst vergraben wir vielleicht mal heimlich ein Mammutknöchelchen vor Eurer Redaktion.

Beam' uns hier raus, Scotty!

Haben Sie die Bauarbeitertrupps bemerkt, die monatelang plötzlich und unerwartet überall im Viertel auftauchten, Löcher in Bürgersteige rammten und dann störrische Kabel von einem wahrscheinlich Godzilla gehörenden Jojo abrollten, um sie in der Unterwelt zu versenken? Bevor man noch begriff, was vor sich ging, waren die Herren schon wieder verschwunden und lediglich eine frisch verschlossene Öffnung im Gehweg (gern mit Stolperkante) war der einzige Beweis ihres Besuchs. Keine Angst, hier zog keine fremde Macht die Fäden, an denen wir bald marionettengleich tanzen werden. Nein, Sie waren Augen- und Ohrenzeuge unseres Anschlusses an die Zukunft. Die Stadtwerke wollen ein blitzschnelles Ehrenfeld. Glasfaser heißt das Zauberwort. Diese neue Formel 1 der Kommunikationsanschlüsse soll Bochumer Haushalten die immer größer werdende digitale Welt in nie gekannter Qualität und Geschwindigkeit ins Haus bringen. Ob TV, Internet oder Telefon, alles überträgt der dünne Zukunftsdraht 50-mal schneller als DSL. Aber sind die Menschen diesem Tempo überhaupt gewachsen? Verträgt das Hirn diese immensen Geschwindigkeiten nach 26 Jahren Privatfernsehen überhaupt noch? Wie wird es sein, wenn uns demnächst E-Mails, Bilder, Filme und Nachrichten glasfaserschnell um die Ohren gehauen werden? Bleibt überhaupt noch Zeit zum Lesen, Verstehen oder gar Zuhören? Schon viel zu lange schlage ich mich mit Menschen herum, für die selbst eine einfache Frage trotz mehrsekündiger Einwirkzeit oft nur mit glubschäugigem Glotzen beantwortet wird. Sicherlich haben die Stadtwerke beste Absichten, aber wäre es nicht mal an der Zeit für gezielte Entschleunigung? Quasi für jede einzelne Faser.

Wo sind eigentlich die Postkarten hin?

Ich meine nicht diese bunten, palmenbewehrten Ansichtskarten, die man der Erbtante aus der Karibik schickt, damit sie weiß, dass ihre monatlichen Zuwendungen gut angelegt sind. Auch nicht die herrlich einfallslosen Sommergrüße von sich in der Sonne räkelnden Nackedeis, die Kegelbrüder gerne in komafreien Stunden an die Arbeitskollegen versenden. Nein, ich meine diese einfachen, schlichten grauen, hauchdünnen Kärtchen, die man nach hartnäckigem Anstehen im Postamt erwerben konnte. Zugegeben, sie waren grafisch keine Augenweide, eigentlich eher schäbig. Aber Linien für Anschrift und Adresse waren schon drauf und idiotensicher stand drunter, was man wo einzutragen hatte. Und erst die Rückseite. Völlig unbedruckt. Keine störenden Felder oder Kästchen. Man konnte schreiben wie einem der Stift gewachsen war. Hochkant, quer oder diagonal, der kreative Geist unterlag keinerlei Beschränkungen.

Und die Briefmarke war auch schon drauf – und zwar gedruckt. Kein lästiges Abreißen von unhandlichen Zehnerblöcken, bei denen die Marke eh immer dort einriss, wo sie garantiert nicht perforiert war. Auch blieb einem das eklige Anlecken erspart. Ein Geschmack wie Laternen in Bordsteinnähe. Nein, diese Postkarten waren perfekt. Nur kaufen, schreiben, einwerfen; quasi Instant-Karten. Und damals fehlte in keiner Fernsehshow der Satz „Wenn Sie die Lösung wissen, schreiben Sie uns eine Postkarte an …". Ob TV-Sender heute überhaupt noch Postkarten bekommen? Wo doch Schreiben, Lesen, Sprechen und selbst Briefkästen längst kein „Must have" mehr sind. Selbst die alte „SPO"-Regel des Deutsch-Unterrichts gilt – wenn überhaupt – nur noch abgewandelt: Eh, Alter; **S**ubjekt; **P**rädikat; Beleidigung; **O**bjekt!

Bochumer Endzeit-Blues.

Sollten die Majas doch recht behalten und es mit unserer blauen Kugel am 21.12. tatsächlich zum finalen Showdown kommen? Man könnte den Eindruck bekommen, schaut man sich so um. Hier scheint nicht nur das Jahr zu Ende zu gehen. Die Stadtwerke leiden unter partieller Amnesie und können sich nicht erinnern, ob es für das Atriumtalk-Honorar von Peer Steinbrück eine Spendenverpflichtung gab und Aufsichtsratsvorsitzende Dr. Ottilie Scholz meint nebulös, dass das nur „rudimentär geregelt war". Komischerweise fällt mir dazu sofort der Satz des Kabarett-Giganten Dieter Hildebrandt ein: „Man kann keine Faust ballen, wenn man die Finger überall drin hat". Aber egal, anderes Thema, was ist das für ein Trauerspiel mit unserem Schauspielhaus? Ohne „Volpone", den „Diener zweier Herren", den Johnny-Cash-Nachfolger „You're my friend" und dem „Kleinen König Kalle Wirsch" wäre der Dezember-Spielplan genauso übersichtlich wie die Stimmzettel zur DDR-Volkskammerwahl. Ich bin nicht nur neben, sondern auch in diesem Haus groß geworden und kapiere es einfach nicht. Immer öfter bleibt das Theater dunkel und ich ertappe mich dabei, wie ich mit verklärtem Blick an Zadek, Peymann und Steckel erinnere und mittlerweile selbst Haus- und Hartmann etwas abgewinnen kann. Die Schönschreiberei der Gazetten hilft da wenig. Und wenn wir schon bei Tragödien sind, dürfen die „Glorreichen" natürlich nicht fehlen. Fällt das, was der VfL da abliefert eigentlich noch unter Sport? Meine Bekannte Caro jedenfalls verlangt als Dauerkarteninhaberin nach dem Frankfurt-Debakel für jeden weiteren Heimspiel-Besuch Begrüßungsgeld. Ich hab ihr gesagt, mit etwas Glück erleben wir die Rückrunde gar nicht mehr. Ach ja, frohes Fest und guten Rutsch – vielleicht.

Raucherland bald abgebrannt.

Sie auch noch hier? Gut, warten wir halt auf die nächste Apokalypse. Wo wir gerade bei Untergang sind, rauchen Sie? Ich weiß, es gefährdet die Gesundheit. Steht ja riesengroß auf jeder Packung, dass man glaubt, es macht auch blind. Ich rauche übrigens nicht, aber meine Frau. Ist okay für mich, außerdem ist sie alt genug, um selbst zu entscheiden. Das sieht die NRW-Regierung anders. Die verbietet ihr in Kürze das Perzen in Kneipen und Gaststätten. Bevor jetzt die ersten Wutbürger den mahnenden Zeigefinger auspacken, in Restaurants findet auch sie Nichtrauchen in Ordnung. Jedoch sind wir gern und häufig unterwegs, um den wenigen noch verbliebenen Kulturveranstaltungen in den Kneipen der Region zu lauschen oder einfach nur mit lieben Menschen zusammen zu sein. Und da suchen wir gezielt gastronomische Kleinode auf, an denen nicht nur die Gattin qualmen darf. Kurioserweise treffe ich dort immer viele Nichtraucher, die den Lokis und Smokies dieser Welt ihre Nischen gönnen. Es gibt ausreichend Nichtraucherlokale, wo ist also das Problem einer friedlichen Koexistenz? Mein Vorschlag nach Düsseldorf, verbietet doch auch gleich das Downhill-Biken, Freestyle-Motocrossen, Base- und Cliff-Jumpen, Free-Climben und den anderen Extremsportblödsinn. Die Chance, dass es da jemanden schreddert, ist mindestens genauso hoch. Und im Sommer soll sich bloß kein Nichtraucher im Kneipenbiergarten über die Zigarette der Einzigen ereifern. Denn noch ist das erlaubt! Der kann schön reingehen, hat ja jahrelang dafür gekämpft. Frohes Neues.

Kulinarische Horizonte contra heimische Tellerränder.

Sobald ich mit der Einzigen in fernen Landen unterwegs bin, dauert es nie lange, bis wir in Hörweite auf Landsleute stoßen, die entweder einem Verständnis heuchelnden Einheimischen oder eifrig nickenden Mitbürgern in epischer Breite erläutern, warum auch dieser Urlaub wieder ein Griff ins Klo war. Grund dafür ist stets das Fehlen heimischer Genussmittel, ohne die ein Überleben in der Fremde unmöglich scheint. Die Top-3 sind stets gesetzt: gute Butter, echtes Graubrot und lecker Bohnenkaffee. Bei letzterem schwankt die naive Touristenseele je nach Gusto zwischen Eduscho, Jacobs und Onko. Unbegreiflich ist dem deutschen Monofressisten zudem, wie diese Ausländer ganz ohne Wiener Schnitzel, Hähnchen und Schweinebraten überleben und warum man nirgends ein vernünftig gezapftes Pils bekommt. Mich nerven diese Leute. Man verreist, um Länder mit allem drum und dran kennenzulernen und um Neues zu erfahren. Ich bin diese Dauern-örgler satt, sie sind mir peinlich. Bleibt bitte Zuhause, niemand vermisst euch im Ausland. Hockt in euren gemütlichen 60 qm Deutschland, beschmiert Euer echtes Graubrot mit guter Butter, schlürft lecker Bohnenkaffee und kaut auf den immer gleichen Gerichten. Vergesst dabei aber bloß nicht die Reisen der Familie Geißen zu glotzen und diesen Jet-Set-Proleten in Nadelstreifen zu bewundern, wie er beim sinnfreien Nobel-Globetrotting mit seiner botoxverseuchten Tussi und den beiden fleischgewordenen Barbie-Argumenten gegen Kinder weltweit nach deutschem Essen krakeelt – Bon appétit!

Die deutschen Adler sind müde.

Was ist aus dem winterlichen TV-Quotenstar Skispringen geworden, und was treiben die vier Millionen Fernsehzuschauer seither? Beobachten die nur noch das Dschungeltrüppchen ausgedienter Fernsehwracks beim Degenerieren im australischen Busch oder diese bulimischen Lepto-Teenies mit Zickenfaktor 1.000, die davon träumen, genauso nichtssagend, blass und enervierend zu werden wie ihre geschiedene Seehund-Dompteuse Frau Klum? Skispringen war doch die neue Sportentdeckung der Deutschen. Mutige junge Männer rutschten von riesigen Schanzen und unten dann … der „Telemark". Meine Tante hielt den übrigens für die Währungseinheit der GEZ-Gebühren. Nach Fußball und Formel 1 flogen die Skispringer auf Platz 3 der Zuschauergunst. 2008 hielt Martin Schmitt mit 219 Metern einen Tag lang den Weltrekord, bis ein Norweger einen halben Meter weiter flog. Ach ja, der allererste Brettlhopser war im Jahr 1808 Olaf Rye. Er überwand gigantische 9,50 m. Die 219,5 Meter des anderen Norwegers waren also 23-mal so weit. Bei dieser Entwicklung liegt der Rekord in wiederum 200 Jahren bei über fünf Kilometern. Jedoch müssen die Schanzen dann weit in den Himmel reichen und vielleicht wird eines Tages statt eines drahtigen Jünglings ein Außerirdischer im perfekten V-Stil angesegelt kommen. Spätestens dann liegt die Einschaltquote bei 100 Prozent. Mehr geht leider nicht, auch nicht im Jahr 2208. Aber bis es soweit ist, vertreiben wir uns die Zeit wieder mit König Fußball und dem HSV-René. Denn der ist auch ein Adler und fliegt immer noch – schönen Rest-Winter.

Kauderwelsch & Dummtipp: willkommen im neuen Babel.

Ja, ich bin ein Freund von Notebook, Tablet, Smartphone & Co. Schließlich hat man als versierter „Silver Surfer" bei der Jugend einen Ruf zu verlieren und meine flinken digitalen Helfer erleichtern mir das Leben ungemein. Ich bin also der letzte, der bei der Erwähnung von SMS, E-Mail, Facebook oder Twitter auf die viel zitierte Palme geht. Was ich aber auf den Tod nicht ausstehen kann, ist die dort um sich greifende kreuzblöde Form der Kommunikation. An Smileys, notorische Kleinschreibung und das Weglassen der Interpunktion aus Dumm- oder Sturrheit habe ich mich gewöhnt. An letzteres aber nur, weil dadurch teils herrliche Missverständnisse entstehen (Komm wir grillen Opa). Aber das Wörterverstümmeln und Reduzieren kompletter Sätze auf sinnfreie und willkürliche Buchstabenhaufen, die den Adressaten kopfschüttelnd zurück lassen und bei denen selbst der Sender nicht mehr weiß, was er eigentich sagen wollte, sind mit Sicherheit der Grund für Millionen geplatzter Verabredungen. Oder wären Sie nach Erhalt der SMS „FYI StimSt CoLa MeMiWi" auf „For your info. Stehe im Stau. Come later, melde mich wieder." gekommen? Ich nicht, sonst hätte ich mir nämlich eine Stunde arschkalter Wartezeit am vereinbarten Treffpunkt geschenkt. Was kommt als nächstes? Pantomime via Handy-Kamera, eklige Pfeiftöne oder ein Comeback des Bilderrätsels? Ehrlich gesagt, ich will es gar nicht wissen. Wie sagten wir doch damals als Kinder: „Doof bleibt doof, da helfen keine Pillen mehr". Entschuldigung, laut „SMS-Topsites 50" des Mobilfunkanbieters Arcor muss es natürlich heißen: DBDDHKPM.

FYI
StimSt
CoLa
MeMiWi
🥴 ⚡

Zugestellt

„Ich mich bewerben? Ich muss gefunden werden!"

So spricht nur ein Berufener, auch wenn er über drei Jahre an keiner Seitenlinie mehr entlang geschrien hat. Der Terminator in Peter „Fußballwunder" Neuruer wusste es immer: I'll be back! Ich komme zurück! In der höchsten Not holte der VfL den Feuerwehrmann der Liga, von dem die Leute sagen, er kann alles, außer Klappe halten. Das stimmt, aber was er sagt ist längst nicht so blöd wie Spötter behaupten. Hier trifft Polemik auf Analytik, ein Reich-Ranicki des Fußballs. Und mal Hand aufs Trikot, töffte spielen die Blau-Weißen noch immer nicht, aber es ist wieder Fußball mit Herz. Und dazu gehört auch Show. Jede Profiliga braucht Diven, Schweiger, Choleriker und Lautsprecher. All das hat Peter Neururer drauf, denn er hatte viel Zeit zum Üben. Und so lange die Fans realistisch bleiben und nicht verlangen, dass er Lahme gehend macht und aus Wasser Fiege zaubert, besteht eine echte Chance – auch über diese Saison hinaus. Selbst die Mythen kehren bereits zurück: vom Fankurven-Moonwalk über den Parforceritt in den Uefa-Cup bis hin zu den großen Tagen der Unabsteigbaren „vonne Castroper". Hier ist einer wieder „zu Hause" angekommen und meint das ernst … und das ist schön. Für den VfL, für die Fans, für Bochum und erst recht für den Coach selbst. Barça hat Messi, wir haben einen Messi(as) – so muss das. Ich seh' „Pädda" schon mit unser Tana auffem Bänksken vorm Schauspielhaus hocken und in Richtung Stadion zeigen. Dat würde der Duse gefallen, so'n richtigen Sabbelkopp zum Quätschken halten. Das letzte Spiel gewinnen wir jetzt übrigens auch noch … ganz gleich, was danach passiert – Ätsch!

Das Runde gibt's auch in eckig und oval.

Ist das jetzt der vorgezogene Herbst, der nachträgliche Frühling oder schon die klimawandelbereinigte Sommerversion? Ich gebe lange nichts mehr auf Vorhersagen oder Expertenmeinungen. Momentan läuft doch alles aus dem Ruder. Im Pott lässt sich die Sonne nur noch sporadisch blicken, der deutsche Süden ächzt unter Temperaturen wie in der afrikanischen Steppe und unsere Polit-Elite erinnert sich an Gerhard den Großen und stapft im Osten volksnah mit Gummistiefeln auf Wahlkampf-Tour durch ein Hochwasser, dass es in dieser Qualität dort letztmalig zu Luthers Thesenanschlag gegeben hat. Eine Zeit übrigens, die auch Khan Erdogan und Zarewitsch Putin zu faszinieren scheint. Beide haben es auch ohne Flut geschafft, dass ihren Wählern das Wasser bis zum Hals steht. Der eine kann nicht begreifen, dass das Volk mitbestimmen will, der andere hat beschließen lassen, Homosexuelle auf die Abschussliste zu setzen. Wie geht's weiter? Verbrennen wir bald wieder Hexen, erlebt die Guillotine ihr Comeback oder startet die Kirche in Kürze Inquisition 2.0? Die Welt wird verrückter, okay, aber ich hoffte auf neue Fehler: Deutsche Drohnen, die nicht ausweichen können, spanische U-Boote, die zu schwer sind und absaufen. Es hieß doch immer „Aus der Geschichte lernen". Sind die weisen Mahner alle weggestorben oder können die neuen Machthaber nicht mal mehr lesen? Was zur Zeit passiert ist komisch, aber nicht lustig. Zudem hat es meinen Juni-Einwurf versaut. Die Überschrift passt überhaupt nicht zum Inhalt. Eigentlich wollte ich was total Witziges über Bierdeckel schreiben – Mist.

8chtung, 2felhafte Erscheinung – der Duden schlägt zurück.

Die 26. Auflage liegt druckfrisch auf meinem Schreibtisch. Zur Beruhigung, man kann noch drin blättern. Natürlich gibt es zusätzlich eine „App" fürs Mobiltelefon, sowie die „Duden-Rechtschreibprüfung für PC mit elektronischem Wörterbuch" – hört, hört! Aber brauchen wir den Duden in Zeiten von Ghetto-Sprech, Denglisch und alphanumerischer Kombinationswut (s. Titel) überhaupt noch? Ich bin gespalten. Mir sind sie suspekt, „stylische" deutsche Texte, in denen Downloaden und Upgraden, statt Runter- und Raufladen steht, Kurzbahnen zum Shorttrack werden, das australische Hinterland zum Outback mutiert, Menschen Jobhopping betreiben, statt Arbeitsstellen zu wechseln, keine Werbung ohne Eyecatcher auskommt, Sonnencremes Sunblocker heißen oder das Spendensammeln zum Fundraising verkommt. Und jetzt dürfen sich diese Schreiberlinge sogar darauf berufen, dass der Duden alles abgesegnet hat. Harry Rowohlt hielt bereits die 1. Rechtschreibreform für „Staatlich subventionierte Legasthenie", jetzt sind wir einen Schritt weiter. Sprache soll leben, aber bitte mit Augenmaß. Wo ist z. B. in Zeiten internationaler Gemetzel die Füsillade geblieben oder warum wurde der uns als Kind oft hartnäckig verfolgende Stickhusten durch den lautmalerisch blassen Keuchhusten ersetzt … ist das fair? Der Verein Deutsche Sprache hat den neuen Duden bereits auf die Kandidatenliste zur Wahl „Sprachpanscher des Jahres" gesetzt. Da steht er nun neben Wolfgang Schäuble, Andrea Nahles, Playmobil und Nikolaus Schneider. Zumindest darf ich ab sofort Verfasser übler Texte „Vollpfosten" nennen, das steht jetzt auch drin.

Farbenfrohe Monotonie.

Der Sommer bleibt noch. Das merke ich daran, dass mir Frauen weiterhin mit schöner Regelmäßigkeit beim vornüber gebeugten Taschenkramen ihre grellbunt gestochenen Heckpartien samt bis an die Nieren gezogenen String-Tangas präsentieren. Während ich diesen Anblick noch verdaue, drängt sich bereits die nächste modische Absurdität ins Auge – die Männerweste. Am liebsten in Beige, Babykackebraun, Sand oder Khaki. Aber auch alle anderen furchteinflößenden Farbtöne sind bei den Trägern dieser Neo-Wämse deutschlandweit en vogue. Sämtliche Daktari-Modelle (die Älteren erinnern sich) sind taschenübersät, wobei, je nach Gusto, Klett, Reißverschluss, Knopf, Druckknopf oder die einfache Stoff-klappe als Verschluss dienen. Auffällig sind die vielen jüngeren Semester, die sich ebenfalls mit diesem Attribut vermeintlicher Outdoor-Urbanität behängen. Das wahre Markenzeichen dieser Westen ist jedoch, dass sie keinem ihrer Träger wirklich passen. Entweder sind sie viel zu weit oder erheblich zu eng. Je nach Grad der modischen Desorientierung wird der ärmellose Körpersack zudem gern mit weißen Tennissocken kombiniert, die in an Scheußlichkeit unüberbietbaren und farblich der Weste in nichts nachstehenden Sandalen stecken. Gemeinsam ergibt das eine trau-rige Allianz optischer Langeweile. Warum tun Männer das und geschieht es wirklich freiwillig? Ich kann das nicht glauben. Gehen diese Herren dann aber noch mit auf dem Rücken verschränkten Händen drei Meter vor oder hinter der Gattin her, bin ich mental derart durchweicht, dass ich über ein Arschgeweih nachdenke – gern auch in Kombination mit einem String-Tanga.

Wann wird's endlich wie es nie war.

Wochenlang haben mich die Politikerdarsteller mit blassem Geseier vollgequatscht und die Medien brüllten unisono: „Geh wählen!", „Deine Stimme zählt!", „Wer nicht wählt, wählt rechts!". Und die Statistikheinis orakelten, dass diese Wahl so spannend werde, da noch nie so viele Menschen so unschlüssig waren. Und dann: 41,5 % für die Union und die Mutti der Nation. Okay, ohne FDP, etwas Glück muss sein. Aber was jetzt kommt, hatten wir alles schon. Schwarz-grün, schwarz-rot, große Koalition. Ganz gleich, wer jetzt wann, wie, wo und mit wem, als Verlierer standen wir schon vor der Wahl fest. Oder kennen Sie auch nur einen zentralen Bereich wie Bildung, Rente, Gesundheit, Staatsverschuldung, Steuergerechtigkeit oder Arbeitslosigkeit, in dem in den letzten drei Jahrzehnten durch irgend eine Reform irgend etwas besser wurde? Deutschland hatte schon immer Menschen mit Niedriglohn und hat mit ihnen seit eh und je seinen Reichtum finanziert. Aber es werden immer mehr, weil unser Wirtschaftssystem nun mal darauf ausgelegt ist, dass es einer großen Gruppe schlechter gehen muss, damit es einer sehr kleinen besser geht. Und daran wird auch diesmal kein Wahlgewinner rütteln, denn zu viel ist denen noch immer nicht genug. Und wie soll sich das auch ändern, wenn „Geiz ist geil" Volksreligion ist und jeder für 29 Euro in den Urlaub jetten will. Das geht nun mal nur über abgezockte Billigflieger mit Flughäfen am Arsch der Welt und die brauchen dort Leute, die für einen Euro Stundenlohn putzen, weil das Ganze sonst nicht funktioniert. Aber wenn die 29 Stunden malochen, können die auch mal nach Mallorca.

Transparent ist an Bochums Baustellen nur das Glas.

Jede Meldung über Wowereits Milliardengrab am Berliner Flughafen amüsiert mich, auch wenn mir z. Zt. der klerikale Limburger Prunk- und Protzwahn noch größeres Vergnügen bereitet. Was ist da lächerlicher, der gerade von der rituellen Kopfwaschung aus Rom zurück gekehrte Bischof oder die katholische Kirche, die so tut, als hätte sie von dieser Prasssucht erst jetzt erfahren. Das CDU-Ehrlichkeitsorakel Heiner Geißler schlug Tebartz-van Elst vor, die anstehende Freizeit als Missionar in Afrika zu verbringen. Mir tut der Gottesmann leid, was kann er dafür 800 Jahre zu spät geboren zu sein.

Bei überteuerten Baustellen haben wir es leicht, die stehen bei uns vor Ort. Oder sind die Treppenüberdachungen an der U-Bahn-haltestelle Schauspielhaus kein Hingucker? Damaliger O-Ton der Stadt Bochum: „Ab 2. April sperrt das Tiefbauamt jeweils den rechten Fahrstreifen der Hattinger Straße auf Haltestellenhöhe für den Einbau der aufwändigen Dach- und Wandkonstruktionen. Die Installation dauert voraussichtlich bis Ende Juni 2013." Bei den Worten aufwändig und Installation sowie dem Endtermin schmunzelte ich bereits. Dachte ich doch an zwei simple Stahlträger, etwas Wellblech und es geht trocken bergab. Aber die Stadtplaner hatten wohl ihre Louvre-Phase. Das Ergebnis: Schönefeld ohne Flugzeuge und auch nicht fertig. Bald geht's an die Eingänge Piperstraße. Da Bochum wohl einen Goldesel in Pflege hat, wie wär's mit einer Glas-Stahl-Symbiose aus Londoner Covent Garden und Brüsseler Galeries Saint Hubert? Nicht kleckern, liebe Tiefbauer, ruhig klotzen! Wir ham's doch.

Nikolaus, ich halt's nicht aus.

Weißt Du eigentlich, was hier in der Vorweihnachtszeit abgeht, beim Emotionsschaulaufen der Freien Marktwirtschaft? Ab August, wenn überall die Dominostein- und Marzipan-Pyramiden aufgetürmt werden, blasen die Deutschen zur Besinnlichkeitsattacke. Zeitgleich mit der 70. Roger-Whitacker Weihnachts-CD wird ihnen warm ums Herz. Plötzlich wollen sie die Welt zu Tode verbrüdern, während die Weihnachtsbudenbesitzer die Innenstädte zupflastern mit ihren armseligen Holzbaracken, aus denen uns ein Duftcocktail entgegen weht, der in US-Todeszellen als Alternative zur Giftspritze durchgehen würde.

Nicht zu vergessen die schlecht verkleideten Weihnachtsmänner, die bewaffnet mit Schlitten und Sofortbildkamera vor den Geschäften lauern. Sie entreißen überforderten Kleinkindeltern die heulende Brut, zerren sie auf ihren Arm und bevor Mama und Papa wissen was geschieht, zieht Schmierlaus schon ein unscharfes Sofortbild aus der Kamera und raunzt: Zehn Euro! Um des Nachwuchses wieder habhaft zu werden, wird die erpresserische Summe wutschnaubend entrichtet, nur um 20 Meter weiter dem nächsten bärtigen Sackträger ins Netz zu gehen.

Weißt Du was, mir reichts! Schick all diese Typen in ein wohliges Wachkoma, droh ihnen mit einer nicht enden wollenden Seifenoper: Mit „Gute Zeiten, Schlechte Zeiten" auf dem „Marienhof", bei denen „Dr. Stefan Frank" die Einweisung ins „Dschungelcamp" anordnet. Nach Weihnachten bringt sie der „Medicopter 117" in die „Lindenstraße", wo „Schwester Stefanie" sie zu „Deutschlands Superstar" erklärt und sie zur Belohnung in die „Verbotene Liebe" einführt. – Frohes Fest.

Jubeln, bis weit über die Schmerzgrenze.

Das Rekordgedenkjahr 2014 wird ein Feiermarathon. Von bedeutend bis bekloppt. Da muss sich z. B. der 25. Jahrestag des Mauerfalls sein Jubiläum mit 125 Jahren Rotes Kreuz, 100 Jahren Rhein-Herne-Kanal, dem ebenfalls 100 Jahre alten Gummireifen sowie dem Ausbruch des 1. Weltkriegs teilen. Alle fünf wirken aber mickrig gegen den 2050. Hochzeitstag von Antonius und Kleopatra, der wiederum auf den 60. Geburtstag der Parkuhr fällt, zu deren Jubiläum thematisch 30 Jahre Anschnallpflicht passen sowie die erste Verkehrsdurchsage im deutschen Radio im Jahr 1964. Nur zehn Jahre später erkannte der Schwede, dass wir ein Volk von Bastlern sind und fummelte in Eching bei München seine erste Ikea-Niederlassung in die bayerische Pampa. Zeitgleich entdeckten die Kleinen Playmobil, die Großen den Golf I und Denis Papin schenkte den Hausfrauen heute vor 300 Jahren den Schnellkochtopf mit Sicherheitsventil. Auch runde Wiegenfeste gibt es. So werden die nicht tot zu kriegende „Brigitte" und der hochalpine Volksmusikterrorist Hansi Hinterseer 60 und lassen Schmalzromankönigin Rosamunde Pilcher (90) und die längst komplett durchgeknallte Brigitte Bardot (80) mitfeiern. Nicht zu vergessen die Aktionstage: Was wäre das neue Jahr ohne den Tag des Schneemanns (18.01.) oder der Jogginhose (21.01.). Den Tag der männlichen Körperpflege (3.02.), des Schwertschluckers (27.02.), der Blockflöte (10.01.) oder des europäischen Notrufs (11.02.), um nur die wichtigen zu nennen. Sie sehen, für so viele Ehrentage ist 2014 viel zu kurz. Daher muss der Fußball herhalten. Ich plädiere auf Nachspielzeit. Und in der darf dann Papst Franziskus eine sparsame Messe für 60 Jahre Wort zum Sonntag zelebrieren.

Herzlichen Glückwunsch, liebe „3Sätzler".

Da rase ich im letzten Einwurf durch die 2014-er Jubel- und Gedenktage und was geht mir durch die Lappen? Die 50. Ausgabe des Ehrenfelder. Berichte, Interviews und Infos zum Wandel unseres quirligen Viertels. Alles immer frei Haus, kostenlos und in Farbe. Wer hätte das bei der Premiere gedacht? Daher Hut ab für das einstige Start-up und Grund genug, die Jubiläumszahl näher zu inspizieren. Also, Stifte raus, mitschreiben! Die 50 lässt sich schließlich bis in die griechische Mythologie zurück verfolgen. So heißt es von den Ur-Riesen Hekantocheires und Centimanes, sie hatten fünfzig Köpfe (Klar, das wussten Sie) und auch ein Haufen Helenen-Götter und -Könige soll je 50 Kinder gehabt haben. Oder denken wir ans Judentum, in dem volle 50 Tage zwischen Passah- und Erntedankfest (Schawuot) liegen. Die Christen fanden das wohl töffte und legten nach, mit 50 Tagen zwischen Ostern und Pfingsten. Vergessen ist gottlob der uralte Brauch, alle 50 Jahre ein Jubeljahr auszurufen und die Schulden zu erlassen. Wer weiß, was Banker Ackermann dazu eingefallen wäre. Philo von Alexandrien übrigens, gestorben wahrscheinlich 50 n. Chr., war schon damals hin und weg von der Fuffzich. Für ihn war sie die heiligste Zahl, da sie aus der Potenz des rechtwinkligen Dreiecks gebildet wurde, das der Anfang der Entstehung ist: $3^2+4^2+5^2=50$. Dieses Dreieck ist ein wahres Symbol des Kosmos, da die Summe der Katheten die Zahl der damals bekannten Planeten ergab (3+4=7). Zählte man die Hypotenuse hinzu, 7+5=12, kam man zur Zahl der Tierkreiszeichen. Und die Potenz ergibt, wie gerade gezeigt, 50. Was ein Aufwand für Eurer Jubiläum.

Als wie wennze sachs, den VfL gibbet ni mer.

Mensch Elly, 45 Jahre bei uns anne Ecke und gezz is Feiera'md - ich pack et nich. Zwar bin ich weder der Sänger-Häbbert, noch der Schauspiel-Armin und erst recht nicht der Intendanten-Matthias. Aber glaub mir, zwischen 1972 und 1983 (Ja, das waren mehr als neun Jahre) hätte ich ohne Dein Lädchen die Höhere Schule nicht überlebt. Ob Pausen oder Freistunden: Lecker-Schmecker, Weberli, Musketier, Nappo, Frikadelle, Mettwurst, Käse am Stiel oder „Bochumer" ging immer. Dazu „Schlör Perle" oder gerne auch „Dreh und Trink". Für Zugereiste: Brötchen aufschneiden, Negerkuss rein, quetschen, fertig ist der Bochumer. Politisch nicht mehr korrekt, aber so lange Schweizer Polizisten Algerier höchstrichterlich Drecksasylanten und Sauausländer nennen dürfen, lass ich mir den durchweg positiv belegten Negerkuss nicht nehmen.
Aber noch mal weit zurück zu Elly und einem weiteren wichtigen Detail: den Mädels. Lange bevor auch nur ein verschnarchter Kultusminister an Co-Edukation dachte, wurde sie in ihrem Laden bereits hautnah gelebt. Dafür sorgte das nahe Lyzeum, dessen Elevinnen ebenfalls gern vorbei schauten, um der mannigfaltigen Leckereien in und vor dem Laden habhaft zu werden. Dadurch hatte Elly Altegoer immer ein Ohr am Puls der Zeit und das ist sicher ein Grund, warum sie heute noch fit, weltoffen und vielseitig interessiert ist. Zusammen mit ihrer Kundschaft ist sie jung geblieben. Ob schlechte Zeugnisse, doofe Lehrer oder Liebeskummer. Ob Popper, Punker, Hippie, Rocker oder Klassenclown … Elly hörte allen zu und jeder hörte ihr zu. Das ist das simple Geheimnis ihres Erfolges quer durch alle Schichten und Generationen. Danke Elly, alles Gute und viel Erfolg mit dem Gemüsebeet.

Neue Deckel, lecker Fleisch und Amtsschikane.

Lob zum Start: die U-Bahn-Überdachungen vor der Meinolphus-Kirche und am Hans-Ehrenberg-Platz sind tatsächlich in Rekordzeit fertig geworden und sehen obendrein noch töffte aus. Respekt und weiter so! Nun geht es regen- und windgeschützt hinab in die Bochumer Unterwelt. Und kommt man stadteinwärts zurück ans Tageslicht, stößt man auf ein erfrischend neues Lokal, das sich dem hochwertigen Grillgut verschrieben hat. Ein Lichtblick in Zeiten, bei denen schon der Griff zur Fleischtomate von Hardlinern der Veganer, Flexi-, Fru- und Vegetarier kritisch beäugt wird. Und à propos Kritik, welch scharfer Wind weht eigentlich gerade dem Ordnungsamt durchs Oberstübchen. Da wird keine Chance ausgelassen, einigen tapfer kämpfenden Kleinwirten das ohnehin schon schwierige Erwerbsleben weiter zu vermiesen. Als wäre die schwindende Zahl von Kneipenkulturfreunden nicht schon schlimm genug, treiben die Gastro-Cops nach dem Nichtraucherschutzgesetz jetzt den nächsten Sargnagel in Theken und Hocker. Läden, die seit Jahren ohne jedes Aufsehen existieren, werden mit Lärmschutzauflagen bombardiert, bei deren Anwendung auf Privathaushalte jede Durchschnittsfamilie ihre Wohnung räumen oder die lieben Kleinen zur Adoption freigeben müsste. Reicht es nicht, dass sie jedes Jahr beim ersten Knospensprießen mit Maßbändern bewaffnet die Freisitze der Lokale abkriechen, um jeden auch nur versehentlich über die „Zahlgrenze" verrutschten Tisch oder Stuhl anzumahnen? Ich bin kein Nostalgiker, denn früher war nichts besser, aber vieles war gut. Und das wäre es heute noch, hätte man die Finger davon gelassen. Also, liebe Behördler, kümmert Euch um echte Ordnungsprobleme und genießt das Leben – es lohnt sich.

Falscher Hase in der Wahlkampfgeisterbahn.

Es sprießt und sprosst allerorten, der April hat sich auf dem zweiten Bildungsweg zum Juni gemausert und man sah Kinder am Ostersonntag in Badeklamotten auf Eiersuche gehen. Übrigens, was ist eigentlich aus den legendären Ostermärschen geworden? Wo einst Zehntausende lautstark demonstrierten, sah man jetzt nur einige Hundert, die lustlos durch die Tagesschau schlurften und auf Nachfrage nur stockend memorierten, gegen welches internationale Übel sie aufbegehren. Wo treiben sich eigentlich all die Friedensbewegten rum? Sind die Osterdemos vielleicht schon illegal und Opfer des in letzter Zeit parteienübergreifenden Verbotswahns geworden oder sind die Bausparverträge der einstigen Demonstrierer endlich zuteilungsreif und man hockt lieber auf der eigenen Reihenhausscholle und harkt zu „We shall overcome" in nostalgischer Verklärung das nachhaltige Bio-Beet? Die Zeiten ändern sich wieder mal und man wird sich gewöhnen. Obwohl, nicht an alles. Einige Konterfeis, die mich in diesem Jahr von Bochumer Bäumen und Laternen anspringen gehören ins Panoptikum, nicht in den Wahlkampf. Zudem dürften sich diese Plakate signifikant negativ auf die innerstädtische Unfallstatistik auswirken. Liebe Politiker, da habt Ihr Profi-Fotografen, tolle Studios, Stylisten und Visagisten, lasst hunderte Bilder schießen und digital retuschieren … und dann das! Naja, Hauptsache Ihr hängt das Zeug nachher wieder schön ab und lasst es an schwer zugänglichen Stellen nicht wieder monatelang vergammeln. Wir machen in der Zwischenzeit ein Kreuz und tragen es die nächsten Jahre. Passt doch, war ja erst Ostern.

Farbenfrohes Bochum, Wurst & WM.

Die Wahlen sind gelaufen. Bochum wird politisch bunt wie nie, Europa liegt jetzt weiter rechts und Kanzlerin Merkel kann sich nach der Wahl nicht mehr an ihren Spitzenkandidaten Jean-Claude Juncker erinnern und hält es mit Papa Adenauer: „Was interessiert mich mein Geschwätz von gestern".

Auf der anderen Seite, ein winziger Lichtblick für mehr Toleranz und Miteinander: Ausgerechnet durch einen (Vorsicht, Ironie!) bärtigen Österreicher, dessen Traum vom Endsieg in Kopenhagen Realität wurde. Zumindest in der Musik scheint die Gesellschaft Ansätze von Gleichberechtigung hinzukriegen. Bei Conchita Wurst oder bürgerlich Thomas "Tom" Neuwirth, blendend aussehender Travestikünstler, ist sogar die "Bild" ganz aus dem Häuschen und verzichtet auf tumbe Wortspiele. Zwar dürfte Österreichs Obermacho Udo Jürgens angesichts seines Nachfolgers kurz über den Freitod sinniert haben, aber ich hege die Hoffnung, dass auch abseits des ESC bald derartige Überraschungen möglich sind. Zwar war Conchita im Vorfeld des ESC eher eine Jahrmarktsattraktion, aber ihr Erfolg ging um die Welt. Daher kann es passieren, dass der gefrustete Ralph Siegel in Kürze einen steppenden Igel ins Rennen schickt, um endlich zu gewinnen. Die Welt ist nun mal verrückt, das sieht man auch daran, dass wieder das Schwarzmalen und Heulen über Jogi Löw und die Nationalelf hereinbricht, denen Millionen Couch-Experten plötzlich nicht mal mehr das Überstehen der Vorrunde zutrauen. Egal, ich habe noch Hoffnung. Zwar nicht mehr für Frau Merkel, aber für uns alle und erst recht für die ebenfalls adretten Profi-Kicker.

Der Mai ist vorüber, die Bäume schlagen aus.

Was war das denn an Pfingsten für ein Assi-Move, um mal eine umgangssprachliche Formulierung unserer Azubis zu bemühen, der ich zwar skeptisch gegenüberstehe, die diesmal jedoch perfekt passt. Da sitzen wir Pfingstmontag bei schönstem Sonnenschein an der Königsallee auf der Terrasse eines Italieners unseres Vertrauens (der eigentlich ein halbargentinischer Spanier ist) und freuen uns des Lebens, als uns stroposkopisches Himmelsblitzen und einige Regentropfen ermahnen, lieber ganz wacker mit „Seffe" den Freisitz zu räumen und uns ins Innere zu verkrümeln. Kaum dort angekommen, wird draußen geflutet. Bäume demonstrieren die Flexibilität von Politikern – aber auch hier knicken einige ein – blockieren Straßen, begraben Autos und Haltestellen unter sich, reißen Balkone von Hauswänden und proben gemeinsam mit sintflutartigem Regen und Pazifiksturmböen ein actionlastiges Ruhrpott-Armageddon, das die Zuschauer mitreißt. Danach besitzt das Ehrenfeld plötzlich viele neue Sackgassen und Frischwasser-Biotope und die Trattoria-Terrasse wurde unter Feng-Shui-Gesichtspunkten neu arrangiert. Nachdem ein Anruf bei der Taxizentrale außer Heiterkeit keinen Erfolg zeigte, trat unser Quartett in Indiana-Jones-Formation über allerlei Naturgerümpel sowie die darunter vermutete Königsallee hinweg den Heimweg an. Die Herren skandierten dabei abwechselnd „Das Ende ist nah" und „Apokalypse", was irritierte Blicke aus Fenstern und Haustüren zur Folge hatte. Nicht auszudenken, was passiert, wenn erst einmal der Klimawandel einsetzt. Moses könnte schon bald als Jungenname ein Comeback erleben.

VfL Bochum schafft das Double.

Dass die Uhren in unserem modernen, angesagten und kurlturell außerordentlichen Viertel anders gehen, wussten wir schon lange. Aber das dies bis vor kurzem noch für jeden deutlich sichtbar war, fand ich eine feine Sache. In den ersten Wochen der neuen U-Bahn-Eingänge Hans-Ehrenberg-Platz und Hubertusstraße hielten es die dort montierten neuen Zeitmesser wie einst Pipi Langstrumpf. Erinnern Sie sich … mach ich mir die Welt, wi di wi wie sie mir gefällt. Aufgrund eines elektrischen Verkabelungsschachzugs störten sich die dort hängenden Chronografen nämlich weder an Sommer- noch Winter-, noch sonst eine Zeit, sondern folgten keck ihrem u(h)reigenen Takt. Beneidenswert, davon träume ich seit Jahren.

Und wo wir gerade beim Träumen und tollen Zeiten sind, ist es nicht der schiere Wahnsinn, dass unser aller „Verein für Leibesübungen" nach jahrzehntelanger Durststrecke ganz unbemerkt den WM-Titel einstreicht. Da krauchen die Glorreichen volle 22 Jahre am Stück durch die 1. Liga, kommen dabei nie über den 8. Platz hinaus, steigen danach ab und auf und ab und auf, bevor ihnen davon so schwindelig wird, dass sie lieber gleich zweitklassig bleiben. Und jetzt das, der VfL ist Fußball-Weltmeister! Okay, eigentlich nur einer, dieser Kramer. Gut, auch der hat nur zwei Jahre für uns gekickt. Ja, und das auch nur auf Leihbasis. Aber was soll's, als Bochum-Fan fackelt man nicht lange, da nimmt man die Titel wie sie kommen, basta! Übrigens, seit Ende August sind wir auch noch U19-Europameister. Bayern, übt schon mal zittern, wir kommen.

Kindheit, Redaktionsschluss und Oppa-Humor.

Ich schreibe gern und viel und über alles mögliche. Das ist mein Job, das habe ich gelernt, darin bin ich gut. Ehrlich gesagt, viel mehr kann ich auch nicht. Was die bestätigen können, die mich mal handwerken sahen und noch immer von Lachkrämpfen geschüttelt werden. Aber heute ist es anders, ich soll über mich schreiben und dann noch von früher. Das ist meine Achillesferse, kriege ich nicht hin. Aber Oppa Heinrich fällt mir sofort ein: „Wat wisst Ihr Blagen schon von früher. Wir hatten doch damals nix, nich ma Hunger. Dat Ruhrgebiet gab et auch noch nich, dat ham die Amis hier ers '45 abgeworfen. Frach ma die Omma". Omma Matta verdrehte dann immer so herrlich die Augen, während sie im ärmellosen, geblümten und spack sitzenden Nyltestkittel bis zu den Ellenbogen in riesigen Eintöpfen rührte. Ich fand das lustig, obwohl ich kein Wort verstand und den Witz erst recht nicht begriff. Folgte dann noch die Kirmes-Geschichte, war alles perfekt. „Von wegen zwanzich Mark für de Kirmes. Wir sind früher von Stahlhausen nach Crange barfuß gelaufen. Nix Straßenbahn oder Auto. Und von den zwanzich Pfennich, die wir krichten, ham wa die Hälfte widder mitgebracht und der Mutta gegeben, so war dat dammals." Für diese Dönekes liebte ich Heinrich. Aber das dieser Ur-Sozi auf dem Sterbebett im Beisein meines Vaters eine Beitrittserklärung der CDU mit den Worten unterschrieben haben soll: „Helmuth, besser et geht einer von die Schwatten, als wie einer von uns", das ist frei erfunden. Tja, wie ich schon sagte, ich kann einfach nicht über mich schreiben – schönen Frühherbst noch.

Es gibt Tage ...

... da sollte man auf die innere Stimme hören und einfach liegen bleiben. Letzte Woche stand ich trotzdem auf, obwohl der Wecker noch nicht geklingelt hatte. Zuerst mit nackten Zehen im Dunkeln gegen das massive Bettgestell gerannt, wie in Zeitlupe das Gleichgewicht verloren, im Fallen noch was Zerbrechliches mitgerissen und natürlich in die Scherben gelatscht. Dann humpelnd und blutend ins Bad, dabei über die strategisch verteilten Schuhe der Einzigen gestolpert, um mich im Anschluss auf dem Wannenrand hockend in trügerischer Sicherheit zu wähnen. Jetzt erst die unvollständig wirkende Innenseite der Badtür bemerkt, für die die in meiner Hand ruhende Klinke eine Erklärung lieferte. Deren fehlenden Haltesplint wollte ich schon länger wieder einsetzen. Unter hysterischem Kichern provisorische Wundversorgung und der Versuch konzentrierter, vorsichtiger Körperpflege. Selbst die Nassrasur gelang. Hoffnung keimte auf, verbunden mit aufsteigender Leichtsinnigkeit. Ergebnis: die hochpreisige Handcreme der Gattin auf die Zahnbürste gedrückt und erst beim Putzen bemerkt. Resultat: 1a-Toll–wutoptik und reinigender Kamillegeschmack im Rachenraum – immerhin ph-neutral. Jetzt bloß nicht durchdrehen. Überspringen wir den vollen Kaffeesatzbehälter und die braunbrockige Sauerei bei der unsachgemäßen Entleerung. Nur schnell raus hier. Also Tasche schnappen und unfallfrei zur Arbeit. 7.18 Uhr, in Höhe der Flur-Briefkästen. Die alte Dame im Parterre grüßt verwundert und wegstolpernd schnappe ich noch auf: „So früh raus am Tag der Deutschen Einheit?"

Tolle Aussichten.

Es ist vollbracht. Nach acht angenehmen Jahren knapp hinter der
Grenze des Stadtteils den es nicht gibt, sind wir zurück im Ehrenfeld. Trotz penibelster Planung lief natürlich kaum etwas wie es
sollte und hektischere Gemüter als wir, wären an diesem Tag wohl
direkt stationär eingewiesen worden. Unsere fleißigen Helfer
mussten am Umzugstag mit Kartons und Möbeln bepackt einen
weltmeisterlichen Hindernislauf um und über noch in der
Wohnung verteilte Handwerker hinlegen, der mit beeindruckend
nur unzureichend umschriebn wäre. Egal, wir sind angekommen
und dürfen endlich wieder mitspielen beim abendlichen Parkplatz-
Poker rund ums Schauspielhaus. Vor unseren Fenstern gibt's
zudem viel zu erleben: wechselnde Ausstellungen im Malersaal,
kuriose Gespräche zwischen Vierbeinern und ihren Leinenführern
oder die artistischen Einlagen der Kinder auf den rotierenden, eher
an Astronautentrainings denn an Vergnügung erinnernden Spiel-
platzkonstruktionen. Und nicht zu vergessen die waghalsigen Fahr-
radmanöver von Eltern, die durch klobige Kinderanhänger verlängert (verrückter-, aber erlaubterweise) gegen die Fahrtrichtung,
jedoch mitten auf der Straße, aber zumindest behelmt, den
ahnungslos um die Ecke kommenden Autos nicht nur die Stirn,
sondern gleich auch den Nachwuchs bieten. Und obwohl all das
schon aufregend genug ist, schlägt für uns nichts den lang vermiss-
ten Samstagmorgeneinkauf kreuz und quer durchs Viertel, bei dem
es nicht nur viel Feines zu kaufen, sondern umso mehr zu erfahren
gibt. Die Welt ist ein Dorf, aber unseres ist eines der Schönsten.

Genau so war es, ich schwöre!

Die Prosecco-Vorräte der Einzigen gingen zur Neige und da sich für den Abend die besten Freundinnen angesagt hatten, um die aufwendigen Vorbereitungen für die alljährliche Weihnachtsbäckerei zu besprechen, in deren Verlauf heuer wieder mal unsere Küche verwüstet wird, besuchte ich zur Behebung dieses Misstandes eine populäre Discounterfiliale, deren blau-weißes Logo der erste Buchstabe des Alphabets ziert. Bewusst wählte ich die werktägliche Mittagszeit, da ich Warten an der Kasse hasse. Die Rechnung ging auf. Nur vier Kunden harrten vor mir der flink tippenden Kassiererin. Zwei junge Damen zahlten gerade, während eine rustikale Endzwanzigerin ihre Beute aufs Band wuchtete. Dabei maßregelte sie in einer Tour ihren etwa sechsjährigen Sohn in Fangesanglautstärke: „PACK DAT NICH AN! LASS DAT VERDAMMT NOMMA LIEGEN! NIMM DIE PFOTEN VONS BAND! FINGER WECH VONNE TÜTEN!" Eine der Frauen erlaubte sich anzumerken, dass das sicherlich auch leiser ginge. Die Antwort kam prompt und ebenso laut wie die Nachwuchsansprache: „NEE, DAT WERD ICH NICH TUN, DAT GEHT NÄMICH NICH ANDERS, WEIL DER DAT SONS NICH KAPIEEERT, VERSTEHSE!" Erschreckt traten die Frauen unisono einen Schritt zurück und sowohl die Kassiererin als auch ich erstarrten kurzzeitig. „LOS CHRISTOPHER-KEVIN, ERKLÄR DIE GÖR'N DAT!" Der Knirps warf sich in Mama-Pose und brüllte die fassungslosen Frauen an: „DAT STIMMT, EH, SONS KAPIER ICH DAT NÄMICH NICH!" Wie sagte schon Omma Matta: „Die Erziehung vonne Blagen is ei'ntlich leicht, schwer is nur dat Ergebnis zu lieben." Frohes Fest allerseits.

Due Funghi, per favore – Zwei Pils, bitte.

Wer behauptet Fremdsprachen zu sprechen, sollte sie zumindest ansatzweise beherrschen oder lieber die Finger davon lassen, da dies sonst peinlich werden kann. Meine Beherrschung fremder Zungen ist mit „so lala" recht treffend umschrieben. Aber sie reicht aus, um sowohl in angelsächsischen als auch frankophilen Ländern Unterkunft und Nahrung zu erhalten, sich durchzufragen und sogar die ein oder andere holprige Konversation zu führen. Das Fundament dafür verdanke ich den ungewöhnlichen Lehrmethoden des legendären und nicht minder wunderbaren Oberstudienrats Horst „The roaring lion" Berghüser, die mich bis heute zahlreiche Stolperfallen der englischen und französischen Sprache haben gekonnt umschiffen lassen. Zudem schärfte er bereits uns Sextanern ein (weiß überhaupt noch jemand was das ist) die Klappe zu halten, wenn es sprachlich nicht reicht. An diesen weisen Rat musste ich denken, als ich neulich beim Italiener zu Mittag aß und Ohrenzeuge einer unglücklichen Kombination aus Anmachversuch und weltmännischer Prahlerei wurde. Dort lümmelte sich ein junger Mann vom Typ „Ich mach was mit Medien", der seiner attraktiven Begleitung gerade wortreich die Speisenkarte erläuterte. Phonetisch erinnerte das eher an längst verschollene Uiguren-Dialekte denn an italienisch. Die Umgarnte schmunzelte erheblich und als er ihre Frage, ob er italienisch spräche kackfrech mit „Si" beantwortete meinte sie, dass sie gehört hätte, die beiden Kellner hier hießen Subito und Pronto. Das könne durchaus sein, meinte der Dozent, er wäre nicht so oft hier – Ich liebe clevere Frauen.

Dann doch lieber Regen und den VfL.

Innerhalb einer Woche ist es zweimal passiert. Frau Holle erdreistete sich einige kleinere Kissen über uns auszuschütteln und das Ehrenfeld im Chaos versinken zu lassen. Für einige Bewohner war dies der Startschuss zu übermotiviertem Handeln, um diesem Ansturm biblischen Ausmaßes Herr oder gar Frau zu werden. Noch ehe die ersten mehr tropfen- denn flockenähnlichen Gebilde in übersichtlicher Menge den Boden erreichten, fiel mein Blick bereits auf rüstige Senioren, die mit Schneeschiebern bewaffnet und in dicke Jacken, wollenene Handschuhe und Fellmützen gehüllt, jedoch in offenen Stoffpantoffeln steckend, dem heraufziehenden Blizzard mutig entgegen traten. Mir wurde dabei erneut klar, dass die in vielen Mietshäusern gespielte Schneekarte eine mehr als ernste Angelegenheit ist. Und während die Einzige neben mir freudestrahlend durch den Fast-Schnee zum samstäglichen Einkauf stapfte, empfand ich noch immer Mitleid für diese armen Geschöpfe, die auch der letzten Flocke akribisch und schwitzend den Kampf ansagten. Und da wir schon bei erhitzten Gemütern sind, noch rasch ein Statement zu Wüsten-Ballspielen: Wenn gekaufte Schiris gekaufte Nationalspieler bei einer gekauften WM im Weiterkommen unterstützen, während Anhänger anderer Nationen trotz bezahlter Flüge, Hotels und Tickets nicht in die Halle gelassen werden, da auf deren Plätzen bereits lange vor Spielbeginn gekaufte Fans sitzen, was jedoch kaum einer sieht, weil die Fernsehrechte auch verkauft waren, bin ich schon gespannt auf die Fußball-WM 2022 und freue mich jetzt erst recht auf die Bundesliga und den VfL.

Denkmalschutz.

Ganz gleich, wann oder von welcher Seite ich mich dem Haupteingang des Schauspielhauses nähere, sie ist immer schon da – als warte sie auf mich. Drei Jahre sitzt sie nun schon unbeirrt unter dem kleinen Bäumsken auf ihrem runden Bänksken, das aufgeschlagene Büchsken neben sich, das obligatorische Baskenmützken auf dem Charakterkopf und mit der Linken auf ihr Theater deutend: Tana Schanzara oder lieber „Uns Tana". Die Personifizierung des Ruhrgebiets, die „Perle vom Pott", die „Duse von der Ruhr". Und sie sitzt an einem guten Ort. Direkt vor dem Haus, dem sie 52 Jahre die Treue hielt. Ihr wunderbar spröde-sympathischer Charme schwabbt einem selbst aus der Bronze-Replik entgegen und man glaubt ihre markante Stimme zu hören, als sie 1970 aus dem Radio rief: „Vatta, aufstehn!". Wenn dann noch töffte Wetter ist, herrscht bei ihr bis in die Nacht Hochbetrieb. Kinder turnen an ihr herum, legen ihr Blumen oder Bonbons in die Hand, hängen ihr selbst gebastelte Ketten um den Hals und Passanten lassen sich in allen Posen mit ihr fotografieren. Sowohl der Vorplatz, als auch der Sitzplatz sind perfekt gewählt. Ein Knotenpunkt, ein Mini-Ballungsraum mitten im wuseligen Ehrenfeld, von dem eine eigenartige Magie ausgeht, die zum Quätschken einlädt. Hier gehört Tana hin, mitten unter die Menschen, so hat sie es geliebt. Der Tana-Schanzara-Platz ist eine feine Sache, wird aber nie mehr sein als eine unspektakuläre Rasenfläche. Daher würde nicht nur ich mich freuen, wenn wir in Anlehnung an den Schluss ihres Vatta-Hits schon bald rufen könnten: „Tana, gezz kannse sitzenbleiben!"

Wo bitte geht's zum Ehrenfeld.

Heute dreht sich alles um ein jahrelanges Phänomen, auf das mich Anwohner regelmäßig ansprechen. Sie alle sind Suchende, aber nicht im philosophischen Sinn. Vielleicht interessiert sie durchaus die Antwort darauf, warum sie hier sind, woher sie kommen, wohin sie gehen und ... sollten sie einmal sterben, ob ihrer Seele dann noch alle Klamotten passen.

Nein, was sie von mir wissen wollen ist viel simpler, geradezu banal und doch mystisch, denn ich habe keine Antwort darauf. Diese Menschen fragen mich, warum sie ihren geliebten Ehrenfelder Monat für Monat überall finden; in Apotheken, Kneipen und Restaurants, beim Bäcker und Metzger, in der Lottoannahmestelle oder der Buchhandlung, aber fast nie im heimischen Hausflur?

Zugegeben, wir leben in einem Stadtteil dessen Existenz vom Einwohnermeldeamt hartnäckig geleugnet wird. Aber unser Schauspielhaus ist rot und weithin sichtbar, die Straßen haben große Schilder, die Häuser sind säuberlich durchnummeriert und mit funktionstüchtigen Klingeln ausgestattet. Bitte jetzt keine falschen Schlüsse, der Verlag kann nichts dafür. Im Gegenteil, seit Jahren versuchen sie dort diesem Phänomen beizukommen. Man wechselt die Verteilerfirmen fast so häufig wie Eintracht Frankfurt die Trainer. Aber es ist wie verhext, Monat für Monat bleiben viele Briefkästen leer und andernorts stapeln sich die Exemplare. Vielleicht sollte die Redaktion alte Ruhrpott-Traditionen aufleben lassen und mal bei den Bochumer Brieftaubenzüchtern vor-sprechen. Deren Schätzken finden unser Ehrenfeld doch garantiert im Schlaf.

Rollendes und Kühlendes.

Wie unbeschwert war das Radfahren in meiner Kindheit. Wo man fuhr, war völlig egal und ebenfalls womit. Ob Klapp-, Bonanza- oder Rennrad, es herrschte friedliche Koexistenz. Als ich jedoch neulich nach sehr langer Zeit wieder ein Fahrrad bestieg, war ich in kürzester Zeit schweißnass. Und das lag nicht nur an mangelnder Kondition. Vorbei die Zeiten gemächlichen Dahinstrampelns. Auf Radwegen und Straßen gibt es nichts mehr zu lachen. Von unflätigen Beschimpfungen durch sehnige Kuriermonster über akkubeschleunigte, sich den Weg frei klingelnde E-Bike Rentnerhorden bis hin zu lächerlich verkleideten Team-Gerolsteiner-Imitationen mutiert man auf seinem Discounterrad je nach Wochentag und Tageszeit binnen weniger Minuten zum nervlichen Wrack. Bei einer Fahrt auf dem Radweg der neuen Oskar-Hoffmann-Straße beobachtete ich am Schauspielhaus zudem eine mir bislang unbekannte Spezies, den radelnden Wutbürger. Die Absenkungen an der Ampel missfielen dem neongelb bewesteten Pedaleur, was ihn unter rüden Beschimpfungen zu mehrfachem Hin- und Herrollen seiner High-Tech-Carbonmaschine über die beanstandete Stelle bewog. Danach wurde das Corpus Delicti umständlich fotografiert und der erhobene Befund zudem in ein Diktiergerät gesprochen. Das reichte, ich brauchte Abkühlung. Zwar nicht mehr wie ganz früher in der dunkelsten Eisdiele der Welt (Alte Hattinger,heute Spielhalle), sondern etwas weiter vorn, aber genau so lecker. Und lieber bin ich umzingelt von panisch plappernden Helikopter-Müttern, als von aggressiven Velozipedisten mit Todessehnsucht. Aber Ihr Radler seid gewiss: I'll be back!

Lesen gefährdet die Dummheit.

Ein schöner Slogan, der seit langem das Bücherregal der hiesigen Kleinkunstkneipe ziert. Umso schöner, wenn die Idee, Bücher öffentlich zu tauschen, nun auch ihren Weg nach draußen gefunden hat und sich in der ersten Ehrenfelder Freiluftbibliothek niederschlägt. Unter dem Motto „Lesen beflügelt" schenkt jetzt ein Allwetterschrank auf dem Hans-Ehrenberg-Platz ausgelesenen Büchern eine neue Heimat und bewahrt sie vor dem Verstauben im Regal oder dem Weg ins Altpapier. Auf mehreren Ebenen und beidseitig durch transparente, robuste Klappen geschützt, wartet dort ein Haufen Literatur auf neugierige Leser. Da steht Danellas Utta einträchtig neben Max Frisch und Hermann Hesse, die Jurassic Park-Dinos vertragen sich bestens mit Grassens Butt und sogar die kleinen gelben Reclam-Heftchen lugen keck zwischen ihren großen Geschwistern hervor und bereichern die bullige Wortkunst-WG. Den Freiluft-Schriftgutcontainer verdanken wir einem Ausbildungsprojekt des USB. Mich begeistert, dass die Azubis die Idee für diesen öffentlichen Bücherschrank selbst entwickelten, das Behältnis gemeinsam entwarfen und anfertigten und es als Paten weiterhin betreuen. Täglich rund um die Uhr kann dort nun jeder kostenlos rein stellen, raus nehmen und lesen, dass es eine Art hat. Und von wegen, die Jugend hängt nur an Smartphone und PC – falsch, die Literatur lebt und ist nun mitten unter uns. Da sieht man mal wieder, es kommt oft anders, wenn man denkt. Lasst uns daher gemeinsam ein Auge auf die feine Kiste haben, damit sie uns noch lange gut bestückt und unbeschmiert erhalten bleibt.

Bestattungsmarathon.

Was ist bloß los, läuft bei „Tods" eine Rabattaktion? Kann mich nicht erinnern, jemals so viele altgediente Helden in derart kurzer Zeit verschwinden zu sehen.

Los ging's mit der Soul-Legende Ben E. King. Was haben wir nicht alles versucht, um auf Kellerparties zu Stand-by-me das andere Geschlecht in den Klammerblues zu zwingen. Kurz danach Hot-Chocolate-Sänger Errol Brown, den wir als Teens wegen seines ovalen Glatzkopfes liebevoll „Treets mit Ohren" nannten. Und dann noch B(lues) B(oy) King, dessen verzücktes Gitarrenspiel ich schon als Kind auf meinem Federballschläger kongenial imitierte.

Als es dann Else, die letzte Überlebende des Tetzlaff-Clans, und die entzückende Edith Hancke erwischte, wurde mir klar, wie lange Ekel Alfred und die Ur-Stachelschweine bereits Geschichte sind.

Aber es riss nicht ab; Winnetou ritt für immer in die ewigen Jagdgründe und mir kamen noch einmal die Weiten der einst noch unter Titos Knute stehenden jugoslawischen Prärie in den Sinn, die wir als Bälger für Amerika hielten. Als dann Sir Christopher Lee, der einzig wahre Dracula, für immer die Vampirzähne ins Glas legte und James „Hansi" Last, der Jahrhundert-Bandleader und Bühnen-Minimalmotoriker seinen letzten Auftritt hatte, bekam ich plötzlich Angst um Udo Lindenberg. Und dann ausgerechnet Harry Rowohlt. Kurzfristig hatte ich das Ende von Welt und Sprache vor Augen. Dieser wunderbare, brummige Schreiber und Vorleser übersetzte für uns Flann O'Brien, Frank McCourt und natürlich Pooh, der Bär. Falls Sie sich jetzt fragend am Kopf kratzen, ja, er war auch der Penner Harry aus der Lindenstraße.

Zur Bürgermeisterwahl – jeder bitte nur ein Kreuz.

Frau Dr. O. Sch. (66) reicht's. Nach zehn Jahren Rumregiererei soll jetzt ein anderer die Ex-Grönemeyer-Metropole in freier Wildbahn und im Rathaus vertreten und sich für die kommenden fünf Jahre dem enervierenden städtischen Politikgezänk, den Händeschüttel-marathons, Glückwunsch- und Jubiläumsorgien, Geburtstags-schnäpsken, Eröffnungsbanddurchschneidereien und kabarettisti-schen Verbalwatschn auf Open-Air-Veranstaltungen aussetzen. Schließlich fängt Frau Doktors Leben jetzt erst an, glaubt man einem kürzlich verblichenen Österreichisch-Schweizerischer Schlager-Casanova. Ich fragte mich, ob überhaupt jemand Lust hat, sich die Bürgermeisterkette umzuhängen, um sich mit leeren Kassen und dem Stadtrat abzugeben? Aber man wundert sich, wie viele leidensfähige Menschen unter uns leben, die sich nach ein bisschen Licht und Glamour sehnen. Die KandidatInnen-Liste ist so lang wie abwechslungsreich. Optisch ist für jeden was dabei: Vom Schwiegermutterschwarm, dem Typ 1970-er Studienrat, dem Streetworker- und dem Kumpeltyp über Herrn und Frau Bieder bis hin zum Xavier Naidoo-Double, einem Ewig-Gestrigen und dem Vorzeige-Proll. Bei diesem Angebot fällt die Entscheidung wirklich schwer. Ich habe mich daher abends heimlich ins Rathaus geschlichen und alles mit dem dortigen Hausgeistlichen besprochen, unserem Pater Noster. Der ist zwar schon im Ruhe-stand, hat aber das ewige Auf und Ab mit fast allen OBs bis zum Exzess betrieben und sein Resümee lautete: Am Ende dreht sich Politik – genau wie er – eigentlich immer nur im Kreis. Darum heißt es wohl auch Kandidatenkarussell – Glück auf!

Knappschaftsmaiabendfestbaumblues.

Traditionen spalten die Volksseele seit Menschengedenken. Das ist beim Bochumer Maiabendfest nicht anders. Für die einen ist es ein historischer, aus dem denglischen Eventkalender nicht wegzudenkender Meilenstein der Stadtgeschichte, für andere ein merkwürdiger Umzug kurios gekleideter Damen und Herren, basierend auf einem hanebüchenden Histörchen um geklautes Harpener Vieh. Ganz gleich, welcher Fraktion man angehört, fest steht, Jahr für Jahr wird im Bockholt von stattlichen Bochumer Junggesellen ein Maibäumlein ausgebuddelt und durch die Gegend geschleppt, bevor das hölzerne Vertikalgewächs irgendwo in neuer Erde zur Ruhe kommt. Zur Freude aller, denn mehr Grün ist eine feine Sache in unserer zubetonierten Gegend. In diesem Jahr beteiligte sich erstmals die seit 200 Jahren in Bochum ansässige Knappschaft-Bahn-See am blau-weißen Traditionshappening und unterstützte die Brauchtümler nicht nur als Stifterin der entwurzelten Mai-Eiche, sondern ließ es sich nicht nehmen, ihr nach stundenlanger Rumtragerei eine neue Heimstatt vor der Ehrenfelder Knappschaftszentrale anzubieten, an der sie nach Höherem streben soll. Ein feiner Zug, jedoch scheint den Erfindern der Krankenkasse die Gehölzpflege weniger zu liegen als die humanoider Lebensformen. Anders lässt sich die sahelmäßige Optik des neulich noch flotten Bockholtschen Eichleins kaum erklären. Vielleicht hat es aber nur versäumt, zu Quartalsbeginn die Krankenkassenkarte einlesen zu lassen.

Liebe Knappschaftler, seht es ihr nach und kümmert Euch. Wie heißt es im Maiabendlied so schön: Junge, da kannst dich drop verloten.

Vom Feeling her hab ich ein gutes Gefühl.

Ist das wirklich unser VfL? Eine Stadt ist verzaubert, Radio Bochum-Sportreporter Günter Pohl schrabbt bei jedem Spiel am Multiorganversagen vorbei und selbst die größten Skeptiker erwischt man mit einem Lächeln um die Mundwinkel. Da wird gepasst, gelaufen, gedribbelt, kombiniert, geschossen und gekämpft, dass man sich verwundert die Augen reibt. Sollte der Erstliga-Traum tatsächlich in greifbare Nähe rücken? Selbst als amateurhafter Mitkucker bin ich entzückt und berauscht und will diese Leistung heute einfach mal loben. Es muss nicht gleich der Aufstieg werden, aber eine feine Saison mit einstelligem Tabellen-platz, einer Truppe, die weiter zusammen bleibt oder vielleicht gar ein DFB-Pokal-Kabinettstückchen à la 1998 … und jetzt kein Wort über Lajos Detari und die 81. Minute, kapiert!

Trainer Verbeek mochte ich von Anfang an. Er erinnert mich an den „Großen Blonden mit dem Schwarzen Schuh". Wunderbar, wie er die Coachingzone beherrscht, die graue Mähne grimmig hin und her wirft wie Sir Simon Rattle am Dirigentenpult. Und er redet Tacheles, wie ein Journalistendarsteller der Bild feststellen musste: „Hey, Ihr seid ja Arslocher, das seid Ihr", herrlich. Das wäre ein Bürgermeister. Keine Ahnung, wie er die Mannschaft auf Trab gebracht hat. Vielleicht muss jeder Nachts auf einem Tarzanheft schlafen oder sie lutschen vor jedem Match kollektiv an einem Stück Stärke. Ist mir aber auch schnuppe, ich find's einfach klasse … und im Übrigen bin ich weiterhin der Meinung, dass Tana an ihrem Platz bleiben muss – wer eigentlich noch?

113

Es kann unmöglich so schwer sein.

Kennen Sie die Zufahrt zum Haupteingang des Bergmannsheil? Vor dem Parkhaus gibt es links eine kleine Verkehrsinsel, auf die sich Fußgänger vor den aus vier Richtungen nahenden Autos flüchten, um vor dem Erreichen der anderen Straßenseite kurz zu verschnaufen. An jeder Seite des Mini-Eilands prangt ein blaues Schild mit einem weißen Pfeil, das jedem Kfzler deutlich signalisiert, dass er hier rechts vorbei zu fahren hat. Ein Umweg, der für viele aber nicht in Frage kommt. Sie lassen sich doch von einem Verkehrszeichen nicht vorschreiben, wohin die Reise geht. „Freie Fahrt für freie Bürger" hieß es einst und das gilt für deutsche Automobilisten bis heute. Daher stehen sich regelmäßig auf beiden Inselseiten Falsch- und Richtigabbieger Schnauze an Schnauze gegenüber und brüllen sich ekstatisch an. Hierhin sollten Polizisten Grundschüler einmal mitnehmen, um ihnen zu zeigen, wie hochgradig bescheuert sich auch Erwachsene benehmen und wie wichtig Verkehrserziehung erst recht im Alter ist.

Zum Schluss bittet die Baumpolizei Ehrenfeld noch um Ihre Mithilfe. Vermisst wird seit Tagen die kleine Maiabendeiche, die erst kürzlich von blau-weiß kostümierten Herren vor der Bundesknappschaft eingebuddelt wurde. Die Überreste des Bäumleins sind nämlich verschwunden, die haltenden Trosse gekappt und nur ein Löchlein zeugt von seiner einstigen kümmerlichen Existenz. Sachdienliche Hinweise zum Verbleib des Ritualgehölzes werden vertraulich behandelt. Ein Profiler der Grünen schließt allerdings Fremdverschulden aus. Er vermutet Suizid oder einen Fall von schwerer Maiabendgesellschaftsdepression.

Och, schon aus.

So ist es. Aber wie im richtigen Leben, so kann es auch hier direkt weiter gehen. Fragen Sie beim Buchhändler Ihres Vertrauens oder wo immer Sie Lesenswertes erstehen nach meinem wunderbaren Erstling „Wer jetzt nicht zugreift, spart bares Geld!" und verlängern Sie Ihre unbeschwerte Lesefreude.

Tauchen Sie ein in wundersame Alltagsgeschichten über Privatfernsehen, Reisen, Urlaub, Kneipenkultur, Billigflieger, Sport, menschliche Abgründe und Unzulänglichkeiten, Musik, Liebe und Beziehungen, die Verdenglischung der deutschen Sprache und natürlich den Teufel Alkohol.

Lesen & verschenken.
Gönnen Sie sich dieses Kleinod über und für alle Lebenslagen. Es entlarvt den ganz normalen Alltagswahnsinn, lässt Sie aber belustigt zurück. Eine unterhaltsame Reise kreuz und quer durch Verrücktes und Ungereimtes. Säuberlich und übersichtlich aufbereitet auf engstem, gut lesbarem Raum und in bewährter alphabetischer Reihenfolge.

Ein Buch, das sich auch perfekt als Mitbringsel oder Geschenk zu jedem Anlass aufdrängt, da man für die Lektüre weder Ehrenfelder, geschweige denn Bochumer sein muss – Auge, was willst Du mehr!

Zu Beginn nur erwähnt, am Ende sogar zu sehen:
Die legendären Whiskyleser aus Bochum.

Von gaaaanz links nach gaaaanz rechts:
Frank Schorneck, Dirk Oltersdorf, Rüdiger Boldt, Ralf Weber

„Mein Gott, ich liebe den Geschmack von Scotch so sehr, dass ich machmal denke, ich sollte Igor Strawhisky heißen."

(Igor Stravinsky – Komponist, 1882-1971)

Genießen Sie doch mal einen unbeschwerten Abend.
Schauen Sie im Internet vorbei unter www.whiskylesung.de und erleben Sie dieses ungewöhnliche Quartett, wie es mit guter Laune, amüsanten Geschichten, Anekdoten und einer Menge Live-Musik aufschlussreich und augenzwinkernd über das Trinken und dessen teils abstruse Folgen informiert.

Die Herren freuen sich auf Ihren Besuch.

Seit über 20 Jahren bereichert das Biercafe am Shakespeareplatz das gastronomische und kulturelle Leben in Bochum. Die gemütliche Kneipe, liebevoll „Bochums einziges Wohnzimmer mit Schankerlaubnis" genannt, befindet sich direkt am Schauspielhaus. Genauer gesagt gegenüber den Kammerspielen.

Durch unzählige Veranstaltungen in den letzten Jahren ist dieser ungewöhnliche Ort über Bochum hinaus zu einer willkommenen Ergänzung zum benachbarten Bermuda-Dreieck geworden.

Den Frühling und Sommer genießen die Gäste im herrlichen Biergarten, im Herbst und Winter lockt ein Programm mit Lesungen, Theater, Ausstellungen, Kabarett, Comedy und viel Live-Musik ins gemütliche Innere. Damit zählt das Biercafe zu Bochums aktivsten Kleinkunstveranstaltern.

Darüber hinaus bietet die kleine Kneipe stattliche 30 Single Malts zu unschlagbaren Preisen an. Eine eigene Whiskykarte erläutert den Gästen die geschmackliche Vielfalt des flüssigen Goldes.

Das Jago –
Eine Institution am Schauspielhaus.

Seit 1981 ist das Jago eine beliebte Gastronomie im Bochumer Ehrenfeld. Markenzeichen sind der große antike Apotheker-schrank und viele weitere Sammlerstücke aus verschiedenen Jahrzehnten. Zusammen mit einem der schönsten Theken Bochums sorgen sie für angenehme, entspannte Bar-Atmosphäre.

Bei schönem Wetter genießen die Gäste die Sonne auf der weitläu-figen Terrasse mit Blick auf das rege Treiben des Schauspielhaus-vorplatzes.

Hier findet man Theaterbesucher, Schauspieler, Studenten, Fuß-ballfans (Sky Bar) und Anwohner bunt gemischt und gemütlich plaudernd Seite an Seite. Der freundliche und aufmerksame Service sorgt dafür, dass sich jeder sofort willkommen fühlt.